崇高と資本主義

ジャン＝フランソワ・リオタール論

星野太
Futoshi Hoshino

青土社

崇高と資本主義　目次

凡例　5

序　章　崇高と資本主義――リオタール再読のために　9

第Ⅰ部

第一章　呈示不可能なものの呈示　29
1　アヴァンギャルド
2　呈示不可能なもの
3　ローゼンブラムと抽象的崇高
4　超越的な崇高と内在的な崇高

第二章　表象不可能性とその隘路　63
1　芸術の批判機能
2　恐怖による抵抗
3　アウシュヴィッツと表象不可能性
4　呈示の臨界――ナンシーの崇高論

第三章　呈示＝現前とショックの美学　101
1　呈示そのもの
2　非物質的質料
3　感覚不可能な〈もの〉たち
4　時間、抵抗、ミクロロギー

第四章　資本主義、この崇高なるもの　135
1　漂流——批判の外へ
2　二つの非人間性
3　非物質的なものたち
4　超越性への退却

第Ⅱ部

第五章　非人間化への抵抗　171
1　リオタールと「非物質」展
2　情報の結び目としての人間
3　発展の非人間性

4　人間とその残余

第六章　加速主義への通路　207
1　加速主義とは何か
2　ニック・ランドと思弁的実在論
3　絶滅——太陽の死、地平の崩壊
4　解放——未来の幼年期にむけて

終　章　ポストモダンの幼年期——あるいは、瞬間を救うこと　241
1　ポストモダン再論
2　ポストモダニズム
3　抵抗の戦略
4　瞬間の救済

参考文献　261
あとがき　277
索引　i

凡例

1．次に挙げるリオタールのテクストは略号によって示し、参照のさいは略号および頁数を示した。日本語訳が存在するものについては、対応する邦訳の頁数を括弧（ ）内に漢数字で示した。ただし、全体の統一や文脈に鑑みて、訳文には適宜変更を加えている。

AEP : *L'Assassinat de l'expérience par la peinture, Monory*, Montreuil, Le Castor Astral, 1984.（『経験の殺戮——絵画によるジャック・モノリ論』横張誠訳、朝日出版社、一九八七年）

CP : *La Condition postmoderne. Rapport sur le savoir*, Paris, Minuit, 1979.（『ポスト・モダンの条件——知・社会・言語ゲーム』小林康夫訳、書肆風の薔薇［現・水声社］、一九八六年）

D : *Le Différend*, Paris, Minuit, 1983.（『文の抗争』陸井四郎・小野康男・外山和子・森田亜紀訳、法政大学出版局、一九八九年）

DF : *Discours, figure*, Paris, Klincksieck, 1971 [1974].（『言説《ディスクール》、形象《フィギュール》』合田正人監修、三浦直希訳、法政大学出版局、二〇一一年）

DMF : *Dérive à partir de Marx et Freud*, Paris, Union générale d'éditions, 1973.（『漂流の思想——マルクスとフロイトからの漂流』今村仁司・塚原史・下川茂訳、国文社、一九八七年）

DP : *Des Dispositifs pulsionnels*, Paris, Union générale d'éditions, 1973.

E : *L'Enthousiasme. La Critique kantienne de l'histoire*, Paris, Galilée, 1986.（『熱狂——カントの歴史批判』中島盛夫訳、法政大学出版局、一九九〇年）

EL : *Économie libidinale*, Paris, Minuit, 1974.（『リビドー経済』杉山吉弘・吉谷啓次訳、法政大学出版局、一九九七年）

HJ : *Heidegger et « les juifs »*, Paris, Galilée, 1988.（『ハイデガーと「ユダヤ人」』本間邦雄訳、藤原書店、一九九二年）

I : *L'Inhumain. Causeries sur le temps*, Paris, Galilée, 1988.（『非人間的なもの——時間についての講話』篠原資明・上村博・平芳幸浩訳、法政大学出版局、二〇〇二年）

LAS : *Leçons sur l'Analytique du sublime. Kant, Critique de la faculté de juger, §23-29*, Paris, Galilée, 1991.（『崇高の分析論――カント『判断力批判』についての講義録』星野太訳、法政大学出版局、二〇二〇年）

LE : *Lectures d'enfance*, Paris, Galilée, 1991.（『インファンス読解』小林康夫・竹森佳史・根本美作子・高木繁光・竹内孝宏訳、未来社、一九九五年）

MP : *Moralités postmodernes*, Paris, Galilée, 1993.（『リオタール寓話集』本間邦雄訳、藤原書店、一九九六年）

P : *Pérégrinations. Loi, forme, événement*, Paris, Galilée, 1990.（『遍歴――法、形式、出来事』小野康男訳、法政大学出版局、一九九〇年）

PE : *Le Postmoderne expliqué aux enfants*, Paris, Galilée, 1986.（『こどもたちに語るポストモダン』管啓次郎訳、筑摩書房、一九九八年）

QP : *Que peindre ? Adami, Arakawa, Buren*, Paris, La Différence, 1987.

TI : *Tombeau de l'intellectuel et autres papiers*, Paris, Galilée, 1984.（『知識人の終焉』原田佳彦・清水正訳、法政大学出版局、一九八八年）

TU : *Un Trait d'union*, avec Eberhard Gruber, Québec, Le Griffon d'Argile / Grenoble, PUG, 1993.

2．それ以外の文献についても、日本語訳が存在するものについては可能なかぎり調査し、参照のさいは対応する邦訳の頁数を括弧（　）内に漢数字で示した。ただし、全体の統一や文脈に鑑みて、訳文には適宜変更を加えている。

3．引用文中における（　）はすべて原著者ないし編者による補足であり、［　］内の記述はすべて引用者（星野）による補足である。

4．引用文中における強調（イタリックなど）は傍点によって示したが、煩雑を避けるために省略した場合もある。傍点が引用者（星野）による強調を示す場合は註でその旨を記した。

5．大文字で始まる単語は〈　〉によって示したが、省略した場合もある。また、同じ記号は、ある範囲の文意のまとまりを示すために用いた場合もある。

崇高と資本主義　ジャン＝フランソワ・リオタール論

Was widersteht, darf überleben nur, indem es sich eingliedert.

抵抗するものは、ただおのれを相手に組み込むことによってのみ、生き延びることができる。

（アドルノ／ホルクハイマー『啓蒙の弁証法』）

序章

崇高と資本主義

リオタール再読のために

本書は、ジャン＝フランソワ・リオタール（一九二四－九八）という哲学者をめぐるモノグラフであり、同時に「崇高」と「資本主義」というそれぞれの概念について、ある一定の洞察を示そうとする書物である。

ジャン＝フランソワ・リオタール。一九二四年生まれのこの哲学者は、ジャック・デリダ、ジル・ドゥルーズ、ミシェル・フーコーらとともに、二〇世紀後半の「フランス現代思想」の一翼を担った人物として知られる。とくに、世界的なベストセラーとなった『ポストモダンの条件』以来、その思想はフランスのみならず英語圏でも広く受容されるようになり、一九九八年の没後から四半世紀が過ぎた現在でも、リオタールへの関心は英米を中心に高まりを見せている。たとえばその一端は、二〇〇四年にロンドンの出版社から刊行された三巻本の研究論集[1]や、二〇〇九年から二〇一三年にかけてベルギー・ルーヴァン大学出版会から刊行された美学・芸術論集[2]などに見てとることができる。

他方、日本語にかぎって言えば、リオタールについて書かれた書物はいまなお片手で数えるに足りる[3]。そのため、本書の内容に立ち入る前の準備作業として、まずはその生涯と思想を簡単に振り返っておいても無駄ではないだろう。ここから数頁にわたり、おもにリオタールの伝記的事実にまつわる記述がしばらく続くことになる。だがその過程では、本書が扱おうとする思想的問題が、部分的にであれフレームアップされることになるだろう。そのため、すでにリオタールについてひとかどの知識がある読者にも、まずはここからの「準備作業」にしばしお付き合い願いたい[4]。

（1）Derek Robbins (ed.), *Jean-François Lyotard*, 3 vols, London, Sage, 2004. 同書は、一九八〇年以後にさまざまな媒体で発表されたリオタール論をテーマごとに編纂した、全三巻にして一二〇〇頁を超える論文集である。

（2）Herman Parret (ed.), *Jean-François Lyotard: Ecrits sur l'art contemporain et les artistes / Writings on Contemporary Art and Artists*, 7 vols, Leuven, Leuven University Press, 2009-2013. 同叢書全六巻（全七冊）の内容は次の通りである。このルーヴァン大学出版会の美学・芸術論集は英仏対訳本であり、収められたテクストの選定基準も含め注目に値する。第一巻：カレル・アペル（*Karel Appel, un geste de couleur / Karel Appel, A Gesture of Colour*）、第二巻：サム・フランシス（*Sam Francis, Leçon de ténèbres / Sam Francis, Lesson of Darkness*）、第三巻：マルセル・デュシャン（*Les Transformateurs Duchamp / Duchamp's Trans/formers*）、第四巻：美学・芸術理論（*Textes dispersés I: esthétique et théorie de l'art / Miscellaneous Texts I: Aesthetics and Theory of Art*; *Textes dispersés II: artistes contemporains / Miscellaneous Texts II: Contemporary Artists*）、第五巻：アダミ、アラカワ、ビュレン（*Que peindre ? / What to Paint?*）、第六巻：ジャック・モノリ（*L'Assassinat de l'expérience par la peinture, Monory / The Assassination of Experience by Painting, Monory*）。

（3）日本語で著された単行本としては、本間邦雄『リオタール哲学の地平――リビドー的身体から情動－文へ』（書肆心水、二〇〇九年）が、これまで唯一のものである。これにマンフレート・フランク『ハーバーマスとリオタール――理解の臨界』（岩崎稔訳、三元社、一九九〇年）とステュアート・シム『リオタールと非人間的なもの』（加藤匠訳、岩波書店、二〇〇五年）を加えても、リオタールを主題的に論じた日本語の書物は、これまでわずか三冊しか刊行されていない。

（4）伝記的内容の執筆にあたっては複数の文献に依拠した。なかでも、年譜形式による簡便なものとしては Alberto Gualandi, *Lyotard*, Paris, Les Belles lettres, 1999, pp. 7-9 を参照のこと。また、キフ・バンフォードが執筆した次の伝記は、ドロレス・リオタール、コリーヌ・エノドー、ローレンス・カーンをはじめとするリオタールの遺族や友人たちへのインタビューにもとづいた決定的なものである。Kiff Bamford, *Jean-François Lyotard*, London, Reaktion Books, 2017.

＊

遅咲きの思想家

ジャン＝フランソワ・リオタールは一九二四年にパリ近郊のヴェルサイユで生まれ、ソルボンヌで学んだのちに、アルジェリアのコンスタンティーヌ高校やラ・フレーシュの陸軍幼年学校で哲学教師を務めた。一九五〇年代末にパリに戻り、大学で教鞭をとるかたわら、六六年にミケル・デュフレンヌの指導のもとで国家博士号を取得（のちにこの博士論文は『言説、形象』として刊行される）。その後、七二年から八七年までの一五年にわたり、パリ第八大学で教鞭をとった（当初の所在地はヴァンセンヌ、のちにサン＝ドゥニ）。知られるように、同大学での同僚にはミシェル・フーコーやジル・ドゥルーズがいる。その傍ら、一九八三年にはジャック・デリダらとともに国際哲学コレージュを設立し、のちにデリダを継いで二代目の議長を務めた。晩年はアメリカ合衆国をはじめ、国外での教育・講演活動の機会が多くなり、カリフォルニア大学アーヴァイン校をはじめとする複数の大学で客員教授を務めている。

以上の遍歴からも窺えるように、リオタールは同世代のドゥルーズ、デリダ、フーコーらと比べて、どちらかと言えば「遅咲き」の思想家である。ちょうど三〇歳になる一九五四年に『現象学』という最初の著書を出版しているものの、その後は「社会主義か野蛮か」や「労働者の権力」といったグループにおける運動に長らく身を捧げ、七〇年代に入るまで、ふたたび「ジャン＝フランソワ・リオタール」として新たな著書を出版することはなかった(5)——そのリオタールが『ポストモダンの条件』で思想界の表舞台に現れたのは、一九七九年、かれがすでに五五歳の時だった。

ポストモダンの思想家

いまや広く知られているように、『ポストモダンの条件』は「モダン（近代）」に続く「ポストモダン（脱近代）」の到来を告げる書物として、フランスのみならず、国内外でリオタールの名を知らしめることに大きく寄与した。とはいえ日本を含め、この「ポストモダン」という語彙はなかば流行語として広まったという性格が強く、リオタールが同書において提出した議論の内容は、長らく大きな誤解にさらされてきたと言ってよい。

では、その「誤解」とはいかなるものか。リオタールが「ポストモダン」という言葉によって示そうとしたのは、何よりも同時代の「知（savoir）」をめぐる状況の変化のことだった。同書によれば、近代の人間は、科学の正当性を担保するために「大きな物語」としての哲学を必要としてきた。とはいえ注意しなければならないが、ここでいう「哲学（philosophie）」とは、人間が真偽を問うさいの「基礎づけ」を担う知の領域のことである（これは、世の常識的な「哲学」の定義とはいくぶん異なるものである）。そしてリオタールは、知がこのような「大きな物語」に準拠していた時代を「モダン」、そして、これにたいする不信感が蔓延した時代を「ポストモダン」と呼ぶ。つまり同書にお

（5）これらの組織の雑誌に筆名で書かれたテクストは、後年『アルジェリア人たちの戦争』として刊行されている。*Cf.* Jean-François Lyotard, *La Guerre des Algériens. Écrits 1956-1963*, Paris, Galilée, 1989.

ける「ポストモダン」とは、あらゆる知の基礎づけとしての「哲学」が有効性を失った、より一般的には、リオタール言うところの「大きな物語」が失効した時代のことである。

このように『ポストモダンの条件』において、「ポストモダン」や「大きな物語の終焉」といった表現は、あくまで科学の正当化をめぐる議論に限定されている。まずはそのことに注意しよう（「知についての報告書」という同書の副題が、それを端的に証し立てている）。しかし一九八〇年代において、「ポストモダン」ないし「ポストモダニズム」が一種の標語へと転じ、当時の新たな思潮を名指すためのレッテルとなってしまったことは否めない。今日でもなお、「ポストモダン」という言葉によって人々が想像する内容、つまりそこで前提とされている「モダン」と「ポストモダン」の内実が、そもそもリオタールの定義とは著しく異なっているという状況は随処に見いだされる。リオタールもまたこうした状況に鑑みて、かつておのれが用いた「ポストモダン」という言葉が大きな誤解を招いたことを自覚し、のちに「ポストモダニズム」とは「モダニズムを書きなおす」ことだと説明を加えている。ここからは少なくとも、「ポストモダン」がたんなる時代区分ではなく、つねに「モダン」との緊張関係にある認識論的な概念だという事実を指摘できるだろう。

美学というアトリエ

さて、政治運動から著述活動に復帰したリオタールの仕事は、現象学・精神分析・マルクス主義といった複数の思潮に根ざしながら、ほぼ一貫して「美学」——ここでは美・芸術・感性などをめぐる哲学のこと——を対象としつづけた。しかし、これがいわゆる「政治」から「美学」への回心ではないということを、リオタールは比較的早い段階で明言している。一九七〇年代前半のある文章によれば、リオタールにとって美学（美・芸術・感性）の問題は、同時に政治の問題にほかならなかった。しかしそれはいかなる意味においてか。

リオタールにとって、美や芸術は、世事から遊離した趣味や娯楽の領域にとどまるものではない。むしろ芸術作品とは、通常われわれの目を逃れているさまざまな「欲望の操作」や「イデオロギーの生産」を露わにするための、格好の場である。ここからリオタールは、美学を「もっとも判別力ある批判的概念を鍛えるための仕事場《アトリエ》」とみなし(6)、『言説、形象』（一九七一）をはじめとする理論的書物を通じて、それを実際に明らかにしていこうとする。

その仕事は、セザンヌの絵画やジョン・ケージの音楽を対象とする精神分析的な批評実践に始まり、さらにはマルセル・デュシャン、ジャック・モノリ、アルベール・エーム、サム・フランシスといった、個々の作家のモノグラフとして結実する。また、以上のような単独の作家を扱った著書にとどまらず、なかには一九八五年にポンピドゥー・センターで行なわれた「非物質的なものたち」のように、展覧会として実現されたものもある。

なかでも、リオタールが八〇年代においてもっとも力を注いだプロジェクトのひとつが、「崇高(sublime)」の概念の問いなおしであった。二〇世紀における芸術実践を、大衆の趣味に迎合する「美しいもの」の美学と、それらに批判を加える「崇高なもの」の美学へと二分するリオタールは、

（6） DMF 20（二六頁）。

アドルノをはじめとする先達の議論を継承するかたちで、前衛《アヴァンギャルド》に一貫して高い評価を与える。さらに、この「崇高なもの」の美学に先鞭をつけたカント『判断力批判』の再読に着手したリオタールは、『熱狂』（一九八六）や『崇高の分析論』（一九九一）といった仕事を通じて、狭義の美学にはとどまらない「崇高」の歴史的・政治的な射程を明らかにしていくのである。

言語における倫理と政治

以上の美学的な思索とならぶリオタールのもうひとつの仕事として、『文の抗争』（一九八三）に代表される言語哲学を挙げることができる。同書のタイトルにもなっている「抗争（différend）」という言葉は、原告と被告によって執り行なわれる「係争（litige）」とは根本的に隔てられる。いわく「抗争とは、係争とは異なり、（すくなくとも）二人の当事者双方の議論に等しく適用されうる判断規則が存在しないために、公平な決着をつけることができないような争いが起こる場合のことである」(7)。

かいつまんで言えばこういうことだ。「係争」が、犠牲者ないし被害者による可能的な異議申し立てを意味するとすれば、「抗争」とは、こうした異議申し立ての権利を奪われたものたちが追いやられている事態、すなわち「係争」化が不可能な事態にほかならない。『文の抗争』ではこうした問題意識から出発して、たとえばハーバーマスの「討議倫理」に鋭い批判がなされる。その背景には、そもそも証言や異議申し立ての権利を奪われた「声なきものたち」の声をいかに救い出すことができるか、という倫理的な問題意識があるのだが、さらにその背後には、クロード・ランズマンが映画『ショア』（一九八五）を通じて示したような、アウシュヴィッツと「表象不可能性」をめぐる問題もまた控えている。

そしてこの問題は、のちの『ハイデガーと「ユダヤ人」』（一九八八）における「証言不可能なもの」をめぐる議論へと接続されることになる。従来のコミュニケーション理論は、平等なものたちによる公平な「議論」——すなわち「係争」——をしばしば想定してきた。しかし実はそこでは、声なきものたちの発話や存在がはじめから抑圧、ないし忘却されてきたのではないだろうか。だとすれば、われわれが真に考えねばならないのは、そうした抑圧された声の存在をいかにして明るみに出すことができるか、ということにほかならない。

これは倫理の問題であり、同時に政治の問題である。この意味でもやはり、リオタールは一貫して「政治」に拘りつづけていたと言えるだろう。若かりし日の社会主義運動にいつしか限界を見いだし、後年「ポストモダンの思想家」として名を馳せたリオタールの思索は、美学、倫理、政治というそれぞれ不可分な問題にたえず貫かれていた。

＊

さしあたりの「準備作業」はここまでである。

（7）D9（一頁）。

本書のアプローチは、今しがた見たような美学、倫理、政治というトリアーデを軸とする。ただし、より正確に言いなおせば、本書が問題とするのはリオタールにおける美学と政治の結びつきであり、倫理はその両者を架橋するものである。

前者の「美学（esthétique）」について言えば、今日残されたリオタールの文章には、芸術や文学作品への参照がそこかしこに見られる。マルセル・デュシャン、ジャック・モノリ、アルベール・エーム、サム・フランシスなど、単独の作家を扱った著書だけでもかなりの数に達するが、最終的に本書は、リオタールの思想がより深い位相において「感性論的な（esthétique）」問題を扱っていることを明らかにする。

また、後者の「政治（politique）」について言えば、一九五〇年代から六〇年代まで社会主義運動に携わっていたリオタールにとって、政治の問題は、その後もおよそ避けては通れないものだった。表立って政治を主題に据えた書物こそ多くはない――なおかつ、従来もっぱら晩年の湾岸戦争にかんする発言のみが問いただされることが多かった――が、リオタールの文章が、つねになんらかのしかたで「政治的な（politique）」性格を帯びていることもまた明らかである。

本書は、そうしたリオタールの思想に対して「崇高」と「資本主義」という二つの概念からの接近を試みる。この問題意識についていくばくかの正当化を行なうことが、この序論が担う最後の務めとなるだろう。

あまり知られていないことだが、リオタールの著書の多くは、複数の媒体に発表されたテクストからなる「論文集」の体裁をとっている。ゆえに、かれが「みずからの哲学の書」と呼んだ『文の抗争』などを例外として、その思想は一貫した体系をもたない。リオタールは「大哲学者ではなかった」という言いかたは、その意味において基本的に正しい。あるいは「リオタルディスムというものはない」[8]——そのような認識は、本書もまた前提とするところである。それゆえ、現象学、精神分析、マルクス主義をはじめとする複数の地層からなる、リオタールのテクストからひとつの「体系」を剔出することは、もとより本書の意図するところではない[9]。本書はリオタールにおける美学的＝政治的実践をもっとも顕著に証し立てる概念として、かれの「崇高」をめぐる言説を読みなおす試みにほかならない。

「崇高」——それを、あらかじめ美学と政治の「交錯《キアスム》」の場と呼んでおこう。なぜならリオタールにおいて、美学と政治はたがいに離接しているわけでも、無媒介的に融合しているわけでもなく、複雑に絡み合ったひとつの交錯をかたちづくっているからだ。その最初の主著である『言説、形象』において、リオタールもまたメルロ＝ポンティにふれながら、この「交錯」という言葉を用い

（8） 小林康夫「哲学者は花を摘まない」『現代思想』第二六巻七号、青土社、一九九八年、二四頁。なお、後者はペール・ラ・シェーズ墓地で行なわれたリオタールの葬儀に参列した清水徹が、その場にいた「誰か」の言葉として同著者に書き伝えたものである。

（9） リオタールについての最初期のモノグラフに、ジェフリー・ベニントン『リオタール——出来事を書くこと』（一九八八）がある。同書では、『言説、形象』『リビドー経済』『文の抗争』がさしあたりリオタールの「主著」とみなされているが、ベニントンを含め、この三冊とそれ以外のテクストとの関わりをどのように考えるかということは、これまでにもしばしば問題とされてきた。*Cf.* Geoffrey Bennington, *Lyotard: Writing the Event*, Manchester, Manchester University Press, 1988, pp. 1-5; Iain Hamilton Grant, "Introduction," in Jean-François Lyotard, *Libidinal Economy*, trans. Iain Hamilton Grant (1993), London, Bloomsbury Academic, 2022, p. 4.

ていた。その表現を敷衍しつつ述べるなら、リオタールにおける「崇高」とは、美学と政治の「交錯の場」あるいは「場が与えられるべき交錯そのもの」にほかならない[10]。

その詳しい内容は本論に譲るとして、さしあたりここでは、本書の中核をなす二つの概念について、最小限の説明を行なっておくことにしよう。まず「崇高（sublime）」とは、リオタールが一九八〇年代に用いた最重要概念のひとつである[11]。これは知られるかぎり、古代ローマの偽ロンギノスによってはじめて特殊な含意とともに用いられた言葉であり、すくなくとも一七世紀にボワローが偽ロンギノスの『崇高論』をギリシア語からフランス語に翻訳するまでは、もっぱら修辞学の概念として知られていた[12]。そして一八世紀に入り、バークの『崇高と美の観念の起源』における心理学的な規定を経て、カントの『判断力批判』により、美学の概念としての「崇高（das Erhabene）」が確立される――これが、美学史上の大まかなストーリーである。むろん、その定義が時代や地域によって異なることは言うまでもないが、たとえばバークやカントにおいて、「崇高」は次のように定義されている。

崇高とは［……］われわれが持つもっとも感動的な観念のひとつである。（バーク[13]）

崇高とは、それと比較すれば他のあらゆるものが小さいような何かである。（カント[14]）

これらはあくまで定義の一部にすぎないが、いずれにせよこの「崇高」という概念が、たんなるひとつの美的範疇にとどまることなく、「美」そのものを揺るがしうる転覆的な機能を担ってきたことは確かである。リオタールがこの概念を用いはじめた一九八〇年代においても、「崇高」は従来の規範的な美に根本的な批判をさしむけるための概念として、なかば「流行現象」の相すら呈していた[15]。

だが、そうした流行としての受容が災いしてか、リオタールの「崇高」についての思索が、これまで十分になされてきたとは言いがたいのも事実である。管見では、これまでリオタールの「崇高」を論じた著書・論文は、それをカントからの影響関係において捉えるものが大半を占める。つまり、「リオタールがカントの崇高論を基本的に踏襲している（はずだ）」という前提のもと、リオタールのテクストを読み解くものがほとんどである。

なるほど、カントからリオタールへの影響はたしかに一方《ひとかた》ならぬものがあり、事実リオタールは

（10）DF 11（五頁）。

（11）英語やフランス語における sublime は「崇高」という名詞としても、「崇高な」という形容詞としても用いられる。かたやドイツ語の場合、「崇高な（erhaben）」という形容詞は、中性名詞としては「崇高（das Erhabene）」となる。

（12）『崇高論』が三世紀の修辞家ロンギノスの筆によるものでないことは、現在すでに通説となっている。同書の歴史的および理論的受容については拙著『崇高の修辞学』（月曜社、二〇一七年）を参照のこと。

（13）Edmund Burke, *A Philosophical Enquiry into the Origin of our Ideas of the Sublime and Beautiful* (1757/59), London, University of Notre Dame Press, 1968, p. 86（エドマンド・バーク『崇高と美の観念の起原』中野好之訳、みすず書房、一九九九年、九八頁）。

（14）Immanuel Kant, *Kritik der Urteilskraft* (1790), Hamburg, Felix Meiner, 2006, V250（イマヌエル・カント『判断力批判』熊野純彦訳、作品社、二〇一五年、一八八頁、傍点省略）。なお本書におけるカントの著書の参照頁数は、使用した底本ではなく、すべてアカデミー版のものである。

『熱狂』や『崇高の分析論』といった、カントにかんする著書も数多く残している。こうした影響関係の精査に一定の価値があることはみとめられるものの、そのような議論においては、リオタールが「崇高」という概念に託していた同時代的なアクチュアリティが失われていることも、また確かであるように思われる。

では、そこに賭けられている「同時代的なアクチュアリティ」とは何か。それこそ、本書におけるもうひとつの主題である「資本主義（capitalisme）」の問題にほかならない。

「資本主義」――いっけん、これほど「崇高」に似つかわしくない言葉もない。われわれの日常をほぼ完全に包囲するこの経済システムが、いったいどういった理由から「崇高」と並べられるというのだろうか。だが、この問題設定は恣意的なものではまったくない。というのも、ほかならぬリオタールが、「資本主義経済には崇高なものが存在する」ないし「資本主義の美学は崇高なものの美学である」という――いささか奇妙な――言明を行なっているからである。

この「崇高」と「資本主義」をめぐる問題にたいして、本書の立場をあらかじめ次のように要約しておこう。これはなかば本書の結論に相当するものであり、ここに示す帰趨にまったく関心のない読者は、ここで本書から離れていただくことをお勧めする。

リオタールは生涯を通して、資本主義にたいする批判的な立場を崩すことはなかった。しかし一方で、その批判の方法がきわめて複雑なものにならざるをえないことも承知していた。というのも、リオタールの考えによれば、資本主義の直接的な批判は端的に不可能だからである。リオタールは本格的に執筆活動に復帰した一九七〇年代はじめに、すでにそのような意見を公にしている。[16]そして、明示的にそう言われているわけではないにせよ、のちのリオタールの思想は、この批判不可能な資本主義をいかに批判するかというモティーフに貫かれているのである。

この批判ならざる批判を行なうために、リオタールは美学という領域に終始こだわり、そこでさまざまな概念をテストしつづけた。とりわけその中核をなすと目される「崇高」は、資本主義を駆動しながらそれを変容させる可能性を秘めた、両義的な概念として構想されている。つまるところ「崇高」とは、リオタールにとってたんなる美学の概念ではない。美学と政治という二つの領域のあいだの複雑な交錯は、まさしく「崇高」という概念を要石として展開されていくのである。

(15) Jean-Luc Nancy, « L'Offrande sublime », in Michel Deguy et al., *Du sublime*, Paris, Belin, 1988, p. 37(ジャン=リュック・ナンシー「崇高な捧げもの」、ミッシェル・ドゥギーほか『崇高とは何か』梅木達郎訳、法政大学出版局、一九九九年、四七頁)。ナンシーは次のように述べている――「その流行は、パリでは理論家のあいだに見られる。かれらはここ数年来、しばしばこの問題に言及している(マラン、デリダ、リオタール、ドゥルーズ、ドゥギー)。また、ロサンゼルスでも芸術家のあいだで流行しており、そのひとりは最近の展覧会とパフォーマンスに「崇高」というタイトルをつけた(マイケル・ケリー、一九八四年四月)。それ以外にもベルリンで(ハーマッハー)、ローマで、東京で、同様の証言が見られるだろう」(*ibid.*, p. 37:同前、一〇一頁)。

ここでナンシーが「マイケル・ケリー(Michael Kelly)」と綴っているのは、アメリカ人アーティストのマイク・ケリー(Mike Kelly)のことである。ケリーは一九八四年三月二四日から四月二一日にかけて、ロサンゼルスのロザムンド・フェルセン・ギャラリーで「崇高(The Sublime)」と題する展覧会を行なうとともに、ロサンゼルス現代美術館でパフォーマンスを行なっている。

(16) DMF 15-16(二〇-二一頁)。

本書の構成を示しておくことにしよう。

第一章では、前衛《アヴァンギャルド》を論じるリオタールのテクストを読みながら、「崇高」という概念がいかなる文脈で登場するにいたったのかを、一九八〇年代の芸術論に即して可能なかぎり詳らかにする。とはいえ、この章で何より強調したいのは、リオタールの崇高論が——しばしばそう誤解されているように——いわゆる抽象絵画論に限定されるものではないということである。つづく第二章では、七〇年代から九〇年にかけてのテクストを通覧し、リオタールにおける美学と政治の内的な絡み合いを明らかにする。その結果として、第二章の後半では、リオタールの美学＝政治における決定的なアポリアを指摘することになるだろう。そして第三章は、そのようなアポリアを克服するための理論を、かれのテクストのなかから内在的に探り出すことに捧げられる。その過程で、第三章の後半は、「崇高」とならんで重要な地位にある「非物質的質料」という概念の考察に費やされる。そして第四章では、ここまでの議論をふまえつつ、リオタールにおいて「崇高」と「資本主義」がいかなる関係に置かれているのかをあらためて整理することになるだろう。

第五章と第六章は、言わばその「後日譚」に相当する。そこでもリオタールのテクストが中心にあることに変わりはないが、この二つの章では、ここ一〇年あまりのリオタール再読の契機を論じることがおもな課題となる。

本書の中心をなす命題は次のようなものである。（1）リオタールは、芸術を通じた「崇高なもの」の探求が、資本主義にたいする批判として機能しうると考えた。（2）だがその一方で、リオタールは、資本主義そのものが「崇高なもの」であると言って憚らなかった。

なぜリオタールは、こうした逆説的とも言える言表を行なわなければならなかったのか。この問いに適切な答えを与えるには、ここで「崇高」という言葉に託されている両義性を十全に把握したうえで、リオタールの批評的戦略を明るみに出すことが不可欠となろう。その先に見えてくるのは、「ポストモダンの哲学者」という紋切型の形容にまみれたリオタールではなく、「崇高」という概念を通じて「資本主義」の問題を思考しつづけた、特異な哲学者としてのリオタールの姿にほかならない。

第Ⅰ部

第一章

呈示不可能なものの呈示

1　アヴァンギャルド

リオタールにおける「崇高」の一般的考察を試みる本章では、おもに一九八〇年代前半のテクストに照準を合わせる。というのも、リオタールは「「ポストモダンとは何か？」という問いにたいする答え」（一九八二）をはじめとするこの時期の論文において、みずからの「崇高」をはじめて明確に定義することになるからである。

あらかじめ言っておくなら、リオタールの崇高論は、二〇世紀に本格的に始まった文化産業への危機意識から生じたものにほかならない。「ポストモダンとは何か」という問いへの答えというより、同時代の芸術にたいする懸念を示した同論文において、リオタールは一九世紀以来の「前衛(avant-garde)」によって行なわれてきた芸術上の変革を評価しつつ、それらを抹消しようとする「弛緩の時代」への危惧を表明する。(1) つまり、リオタールが「弛緩の時代」と名指す時代においては、大衆は芸術家にさまざまな「実験」を期待するのではなく、かれらにとって慰めとなる作品を要求するようになる、というのである。

芸術的実験を中止せよ、というさまざまな呼びかけのなかには、同じ秩序のもとへの召喚の声、すなわち統合性、同一性、安全性、通俗性［……］への欲望がある。芸術家や作家たちを共同体の懐に呼び戻さなくてはならない、あるいは少なくとも、共同体が病んでいると判断するのであれば、かれらに共同体を癒すという責任を課さねばならない、というわけだ(2)。

ここでリオタールが念頭においているのは、一九八〇年代前半に美術の一大潮流となった具象画の復権である。英語では「ニュー・ペインティング」という呼称が一般的だが、ここではドイツおよびイタリアにおける対応物である「新表現主義」と「トランスアヴァングァルディア」が批判的に論じられている(3)。しばしば指摘されるように、六〇年代、七〇年代のミニマル・アートやコンセプチュアル・アートを経た八〇年代の美術は、かつての前衛的な姿勢から一定の距離をおき、それまで久しく軽視されていた具象画へと回帰することになった。いくぶん大づかみに要約するなら、それ以前のミニマル・アートにおける禁欲性や、コンセプチュアル・アートにおける観念性への反動として、具象的なモティーフを用いた表現主義的絵画がふたたび脚光を浴びはじめた、と言うこ

（1）リオタールはここで、狭義の「前衛芸術運動」――場合によっては「歴史的前衛」とも言う――について論じているのではない。かれは八〇年代より一貫して、「新たな芸術形式を発明してきた作家たち」を「前衛」と呼んでいる（MP 204：二九〇頁）。なお、同じ「前衛」にたいする七〇年代前半のリオタールの評価については、第二章の註28（本書七九頁）を参照されたい。

（2）PE 17（一六－一七頁）。

（3）リオタールはこれを一貫してフランス語（transavantgardisme）で綴っているが、本書では本来のイタリア語の呼称（transavanguardia）にしたがう。

ともできるだろう。

だが、こうした具象画への回帰を、リオタールは順応主義的、折衷主義的であるとしてきびしく指弾する。リオタールによれば、たえず新しい表現をめざしてきたそれまでの前衛芸術とは異なり、新表現主義はなんら新しい表現に到達しえていない。ただ具象的なモティーフを散りばめただけの絵画は、大衆の好みに迎合した順応主義的なものにすぎない。それどころか、新表現主義は前衛が生み出してきたさまざまな形式を部分的に取り入れることで、本来の意義を損なってしまう「折衷主義（éclectisme）」に陥っているとリオタールは断じるのである。それらは過去の前衛の様式を折衷的に取り入れ、これを商業の論理によって骨抜きにすることで「前衛の遺産を精算」してしまっている[4]――これが、当時のリオタールの基本的な立場であった。

この批判のポイントは、次のように敷衍できるだろう。すなわち新表現主義は、商業主義の原理にのっとった「キッチュな」芸術だ、ということである。たったいま「キッチュ（Kitsch）」という言葉を用いたのは、リオタールによるこの議論が、クレメント・グリーンバーグ（一九〇九－九四）の「キッチュ」批判と一定の親近性を有しているからだ。知られるように、グリーンバーグは一九三九年の「アヴァンギャルドとキッチュ」において、「前衛」にたいする「後衛」としてのキッチュを次のように批判していた。

> 前衛《アヴァンギャルド》のあるところ、たいてい後衛もある――まったくその通り。第二の新たな文化現象が、前衛の登場と軌を一にして、工業化された西洋に出現した。ドイツ人はそれにキッチュ［*Kitsch*］

というすばらしい名を与えたのである。[5]

前衛の出現するところに、ある種の必然としてキッチュが生まれるというグリーンバーグの公式は、リオタールにおける前衛と折衷主義との対立に、あるていどまで重なり合うものだろう。むろん、リオタールの折衷主義がいわゆるファインアートの領域内におけるものであるのに対して、グリーンバーグのキッチュは「気晴らしに飢えている人々のために用意された」代用文化ないし低級文化である、という違いには注意を払う必要がある。[6] しかしリオタールの批判する折衷主義は、「新たなものが「新機軸」として略奪され、しかるのちに薄められキッチュとして供される」というグリーンバーグの公式の延長線上にあるもの——芸術の内部における、、、、キッチュ——とみなすことができる。[7]

こうした折衷主義への嫌悪は、その後のリオタールの美学にも色濃く滲み出ている。たとえばそれは、トランスアヴァングァルディアの命名者である批評家ボニート・オリヴァ（一九三九－）への

（4）PE 17-18（一七頁）。

（5）Clement Greenberg, "Avant-Garde and Kitsch," in *The Collected Essays and Criticism vol.1 (Perceptions and Judgements 1939-1944)*, John O'Brian (ed.), Chicago, The University of Chicago Press, 1986, p. 11（クレメント・グリーンバーグ「アヴァンギャルドとキッチュ」『グリーンバーグ批評選集』藤枝晃雄編訳、勁草書房、二〇〇五年、九頁）。

（6）のちに見るように、リオタールは後期資本主義社会における「低俗な」リアリズムが、場合によっては資本主義そのものへ批判となりうるという視点を保持している。

（7）Clement Greenberg, "Avant-Garde and Kitsch," *op. cit.*, p. 12（クレメント・グリーンバーグ「アヴァンギャルドとキッチュ」『グリーンバーグ批評選集』前掲書、一一頁）。

揶揄や攻撃が、その後も執拗に繰り返されることからも明らかだ。[8] 前衛を支持するリオタールにとっての「敵」は、何よりそうした折衷主義なのであり、一般に考えられるような古典的リアリズムへの回帰なのではない。おおよそ一九世紀の半ばに、マネをはじめとする画家たちは古典的リアリズムに反旗を翻し、のちに二〇世紀美術を席巻した「抽象」への道を開いた。だが、こうした歴史に対する反動としての古典的リアリズムへの回帰は、さしあたりリオタールの批判対象とはなりえない。というのも、前衛に対して公然と背をむけるはずの古典的リアリズムは、現代においてはすでに失効しているというのがリオタールの見かただからである。

前衛に対して公然と背をむけたいと思うなら、かれらは滑稽なネオ・アカデミズムに身をさらすにちがいない。ところで、ブルジョワジーが歴史のなかに確立された時代において、サロンとアカデミーはリアリズムという口実のもと、浄罪の務めを果たしつつ、造形芸術と文学におけるお行儀のよさに報償を与えることができたのだった。ところが資本主義はどうかと言えば、それはありきたりな事物や、社会生活上の役割や、さまざまな制度を脱現実化［déréaliser］する力を持っている。そのため、いわゆる「現実的」［réaliste］と呼ばれる諸表象は、現実［réalité］をノスタルジーや嘲りといった調子によって、満足よりも苦しみを与える機会として呼び起こすばかりである。古典主義は、現実があまりにも不安定なものとなってしまっているがために、経験のための材料ではなく、測量と実験のための材料しか提供しなくなっているような世界では、あたかも禁止されているかのように見える。[9]

古典的なリアリズムにもとづく表象は、さまざまな事物を「脱現実化」している資本主義のもとでは、あたかも禁じられているようであるか、せいぜい大衆に苦しみを与えるものとしてしか機能しえない。そうした理由から、リオタールは抽象絵画に対する「反動」、すなわち古典主義への回帰を、さしあたり憂慮すべき問題とはしない。むしろ、リオタールが懸念する大衆の論理は、そうした古典的リアリズムの立場にあからさまに立つことはせず、むしろ芸術に安全や通俗性を要求する折衷主義によって、それを暗黙裡にもみ消そうとするのだ。

それでは、なぜ絵画における古典的リアリズムは失効してしまったのか。続いてリオタールはベンヤミンに依拠しながら、その理由を写真や映画、すなわち複製技術が可能にした「透視図法的」リアリズムの誕生に見いだしている。複製技術の発明により、いわゆる「リアリズム」の幻想は、それまでとは比較にならないほどの規模に達した。もはや絵画にも、そうした複製技術のリアリズムに対抗することはできない。このような状況に直面した画家たちの反応は、大きく二つに分けられる。すなわち一方で、「芸術の規則の再検討を拒むものたちは、「良い規則」にしたがって、慢性的なリアリティへの欲望と、その欲望を満足させることのできる対象ならびに状況とを結びつけつつ、大衆への順応主義のもとで成功を収める」[10]。しかし他方で、「造形芸術、物語芸術の諸規則を疑

(8) I 139(一七一頁)。
(9) PE 18(一七 - 一八頁)。
(10) PE 20(二〇頁)。

い、その作品を流通させることによって次第に自分たちのもつ疑念を分かちあっていくことを決意した芸術家、作家たちは、現実性と同一性を気にする愛好家たちからは不審がられ、ゆえに保証された観客を持たないままにとどまる」[11]。こうして前者は「アカデミズムとキッチュのあいだのどこかに」いる芸術家、後者は広義の「前衛芸術家」と言いかえられる[12]。

たったいま見たような意味での前衛芸術家には、まずもって、複製技術が可能にするリアリティに対抗することが求められる。ゆえに、そこでかれらに求められるのは、大衆が望むリアリティを提供することではなく、むしろ「反リアリズム」――リオタールの語彙を用いれば「リアリティの乏しさ（peu de réalité）」――の追求だということになろう[13]。芸術作品の経済効果によって計られるような「金銭のリアリズム」[14]が、大衆の望む「良い作品」から慰めを引き出そうとするいっぽう、こうした支配に抵抗するには、あらかじめ強いられたリアリズムに背をむけ、むしろそのなかに「リアリティの乏しさ」を発見しなくてはならない。リオタールはそれを、ある面でニーチェのニヒリズムに近いものとみなしているが、同時にそれをカントの「崇高」に結びつけてもいる。

この「リアリティの乏しさ」とは、それをたんなる歴史的な解釈から解放してやろうとするとき、何を意味するのだろうか。その表現は、明らかにニーチェがニヒリズムと呼ぶものに近い。だがわたしは、ニーチェの遠近法主義よりもはるかに先行するカントの崇高という主題のなかに、そのひとつの転機を見いだしている。わたしはとくに、近代の芸術が（文学を含めて）そのばねを見いだし、前衛の論理がみずからの公理を見いだしているのは、崇高の美学においてであると考え

ている。(15)

管見のかぎり、リオタールはこの一九八一年の時点ではじめて、『判断力批判』におけるカントの「崇高」の定義に明示的にふれている(16)――「崇高な感情、それは崇高についての感情でもあるが、カントによるとそれは強く、両義的な触発である。すなわち、それは快と苦とを同時に含んでいるのだ」(17)。このリオタールの文言は、カントの『判断力批判』に含まれる「崇高の分析論」にもとづいている。いくぶん長くなるが、今後の議論にとってきわめて重要な一節であるため、労を厭わず見ておこう。

(11) PE 20-21（二〇頁）。
(12) PE 21（二一頁）。
(13) PE 25（二五頁）。
(14) PE 23（二二頁）。
(15) PE 25（二五－二六頁）。
(16) フランス語での初出は一九八二年。なお、次の入門書でも、リオタールの崇高論の解説はこの論文からはじめられている。Simon Malpas, *Jean-François Lyotard*, London, Routledge, 2003, p. 33.
(17) PE 25-26（二六頁）。なお、「苦」と訳した単語は、カント『判断力批判』ではUnlust、同書のフランス語訳ではpeineである。もともとのドイツ語のニュアンスをふまえればUnlustは「不快」となるところだが、リオタールはこのpeineという語に独特なニュアンスを付与しているため、ここではそれに応じて「苦」という日本語を充てる。この点については、アレクシス・フィロネンコによる『判断力批判』の仏訳もあわせて参照のこと。*Cf.* Emmanuel Kant, *Critique de la faculté de juger*, traduit par Alexiss Philonenko, Paris, Vrin, 1979.

崇高な感情とは、ある不快［Unlust］の感情であり、それは構想力が大きさの感性的評価において、理性による評価には不適合であることから生じる。なおかつそれは、そのさい同時に呼び起こされた快［Lust］でもある。この快は、理性の諸理念へとむかう努力がそれでもわれわれにとって法則であるかぎり、最大の感性的能力ですらそれに不適合であるという当の判断が、理性理念と合致することから生じる快である。われわれにとって（理性の）法則であり、われわれの使命に属しているもの——それは、諸感覚の対象としての自然に含まれる、われわれにとって大きいものすべては、理性の諸理念と比較すれば小さなものにすぎないという評価である。それゆえに、こうした超感性的使命の感情をわれわれのうちに引き起こすものは、かの法則と合致するのだ。ところで、大きさの評価のための単位を表出するさいに、構想力が最大の努力を払うのは、ある絶対的に大きなものとの関係であり、したがってまた、この絶対的に大きいものだけを、大きさの最上の尺度として想定せよ、という理性の法則との関係である。それゆえ、いかなる感性的尺度も理性の大きさの評価には不適合であるという内的な知覚は、理性の諸法則と一致するものにほかならない。その知覚はひとつの不快であって、その不快が、おのれの超感性的使命にかかわる感情をわれわれのうちに惹起する。その使命に従うなら、感性のあらゆる尺度が理性の諸理念に不適合であると見いだすことは、合目的的であり、したがって快なのである。(18)

ここでのカントにしたがえば、「崇高」とは「快」であり「不快」でもあるような両義的な感情である。なぜ不快であるかと言えば、われわれがどれほど想像力をはたらかせても、理性によって生み出される「理念」という絶対的なものを感覚的に捉えることはできないからだ。これを別のしかたで言えば、自然の偉大さ、雄大さをいかに感性豊かに捉える人であっても、その「大きさ」の評価においては、理性のそれに並ぶことはない。しかしそのような自覚は、われわれにとって快い経験でもある。なぜなら、いかなる（感性的な）努力によっても理性理念に到達しえないという感覚は、感性を超えた——理性的な——使命を、われわれのうちに惹起するからである。ようするに「崇高」とは、われわれがある光景を前にして理性の偉大さに目覚め、そこに到達不可能であることから生じる「快」と「不快」の混合感情なのである。

さてリオタールは、前衛の芸術家たちが作品において「リアリティの乏しさ」を呈示し、それによって大衆に苦をもたらすことを要求していた。そこでリオタールがカントの「崇高の分析論」を引き合いに出しているのは、まさしくこの「快でもあり苦でもある」という「崇高」の特徴を喚起するためにほかならない。[19] さらにリオタールは、カントが（感性的には）「表出不可能」であるとした理念の定義を敷衍しながら、次のように述べる。すなわち、われわれがもっている〈理念〉（Idée）はいかなる呈示像ももたない。それは、現実について何も認識させてはくれず、また美しいという感情を生み出す諸能力の自由な一致も不可能であるがゆえに、結果的に快でもあり苦でもあ

（18） Immanuel Kant, *Kritik der Urteilskraft* (1790), Hamburg, Felix Meiner, 2006, V257-258（イマヌエル・カント『判断力批判』熊野純彦訳、作品社、二〇一五年、一九九–二〇〇頁）。

（19） したがってリオタールの「崇高」は、快を「拒絶」しているわけではない。次の文献ではこの点がいささか単純化して述べられている。Neal Curtis, *Against Autonomy: Lyotard, Judgement and Action*, Aldershot, Ashgate, 2001, p. 41.

る「崇高」の感情が呼び起こされる、というのだ[20]。そして、カントにおいては理念と呼ばれていた、絶対的に大きく、絶対的に強力なものを、リオタールは「呈示不可能なもの（l'imprésentable）」と呼ぶのである。

2　呈示不可能なもの

「呈示不可能なもの」とは何か。それは、文字通り「いかなる呈示像ももたない」ものであり、したがって現実について「いかなるものも認識させてくれない」。またそれは「［カントがいう］美しいという判断を生み出す諸能力の合一を禁止し、趣味の形成と安定を妨げる」ものでもある[21]。

この「呈示不可能なもの」という言葉は、リオタールの崇高論の中核を担う概念として、その後もしばしば登場する。ところで、リオタールがこの概念を「表象不可能なもの（l'irreprésentable）」ではなく「呈示不可能なもの（l'imprésentable）」と呼んでいることには、ここで十分な注意を払っておく必要があるだろう。なぜなら、ここにもカントの語彙への準拠が存在するからだ。カントは『判断力批判』の「崇高の分析論」において、理性理念の「表出不可能性」について語っていた。具体的には次の「総註」の一節においてである。

それを文字通りに捉え、論理的に考えるなら、理念が表出されることはない［können Ideen nicht

dargestellt werden」。とはいえ、われわれがみずからの経験的な表象能力を（数学的ないし力学的に）自然の直観にたいして拡張していくとする。この場合、そこには避けがたく理性が付け加えられる。そのさい理性とは、絶対的全体性の独立性を捉える能力なのであり、ゆえに理性は、たとえそれが無駄なものであっても、心の努力を生んで、感官の表象を理念に適合させようとするのである。こうした努力、ならびに構想力によって理念に到達することはできないという感情それ自体が、われわれの心の主観的合目的性を表出するものであって、それは構想力を心の超感性的使命のために使用するときにあらわれる。だから、われわれはこの努力と感情に強いられて、主観的には自然そのものを、その全体性にあって超感性的な或るものの表出として思考させるのであるが、この表出を客観的に成就することは不可能なのだ。[22]

ごく簡単に敷衍しておこう。カントはここで、理念なるものはそれ自体としては表出不可能だと言っている。ここでいう「表出不可能」とは、理念という超感性的なものに感性的なかたちを与えることができない、といったほどの意味だとみなせばよい。しかし同時に、われわれが理念を感性の次元で表出することができないという事実は、同時に理性の次元で、ひとつの主観的合目的性を

（20） リオタールがこの単語を〈理念〉と大文字で始めているのは、フランスにおけるカントの訳書の多くが、鍵概念のひとつである「理念（Idee）」を Idée と綴っているからである。
（21） PE 27（二七頁）。
（22） Immanuel Kant, *Kritik der Urteilskraft*, *op. cit.*, V268（イマヌエル・カント『判断力批判』前掲書、二一六頁）。

表出する。つまり、われわれが理念を表出しようと努力し、それでもなお挫かれるという経験は、われわれに或る超感性的なものを思考させる。その意味において、理念は感性的に表出されることはないが、すくなくとも理性的な思考の対象ではありうる。

いずれにせよ、この「表出（Darstellung）」というカントの語彙は、当時すでに「呈示（présentation）」という訳語によって広く定着していた。[23]だからこそカントに依拠するリオタールもまた、「表象（représentation）不可能なもの」ではなく、「呈示（présentation）不可能なもの」という言葉を用いるのだ。これはリオタールの崇高論における核心的な問題にふれるものであるため、第二章でふたたび立ち返ることにしたい。

さて、カントにおいて表出「可能」であるということは、それが感性的な次元で把握可能であるということを意味していた。[24]別のしかたで言えば、直接的には表出「不可能」な崇高の感情は、カントにおいては「感性」ではなく「理性」の領域に属している。こうしたカントの崇高論は、理性の諸理念が——直接的にではなく——間接的にのみ表出されるという、いわば「暗示（allusion）」の構造にもとづいている。「崇高」をめぐるカントとリオタールの議論についてはのちにあらためて立ち戻ることになるので、さしあたりここではリオタールにおける「呈示不可能なもの」が、カントのテクストにもとづいているという事実にのみ注意をうながしておきたい。[25]

リオタールのテクストに戻ろう。ここまでの基本的な図式、すなわち、複製技術によって産業的な「リアリズム」が世界を席巻するようになり、芸術家は前衛と順応主義者に二分されるようになったこと、そして前者による「リアリティの乏しさ」の探求にこそ崇高なものが存在するという図式は、「表象、呈示、呈示不可能なもの」（一九八二）でも繰り返される。

のちに『非人間的なもの』（一九八八）に収録されるこの論文では、写真が登場して以来の絵画の変容について、さらに多くの紙幅が割かれている。ただしその基本的な議論は、前節で紹介した「ポストモダンとは何か？」という問いにたいする答え」とほとんど変わりはない。そこでリオタールは産業的な観点から、絵画と写真をごく簡潔に対照している。それによれば、技術の習得、素材の調達、制作時間など、すべてにおいて「高くつく」絵画にくらべ、写真はすべてひっくるめても微々たるコストしかかからない。かくして「写真とともに、産業的レディメイドが勝利する」(26)――そのような時代において、デュシャンのように「もはや描く時間などない」と結論する立場も一方にはある。(27)しかし前衛の画家たちは、そこで大衆から乖離し、「絵画とは何か」という問いに

（23）この訳語についても、前掲のアレクシス・フィロネンコによる『判断力批判』の訳業を参照のこと。後続のアラン・ルノーの訳文でもこれは踏襲されている。*Cf.* Emmanuel Kant, *Critique de la faculté de juger*, traduit par Alain Renaut, Paris, Aubier, 1995.

（24）この問題については、小田部胤久『象徴の美学』（東京大学出版会、一九九五年）の第二章「カント美学における美の象徴性」を参照のこと。同書では『判断力批判』第五九節の記述にもとづき、Darstellung に「感性化」という訳語が与えられている。

（25）リオタール本人が「l'imprésentable とはカントの用語である」と述べている。*Les Cahiers de philosophie*, vol. 5 « Jean-François Lyotard : Réécrire la modernité » (1988), p. 70.

（26）I 133（一六三頁）。

（27）I 133（一六三頁）。

身を投じはじめる、とリオタールは言う。

より頑なものたちは、写真の挑戦を受けて立たなくてはならない。かれらは諸々の弁証法に身を捧げる。この否定弁証法が賭けどころとしているのは、「絵画とは何か」という問いである。そして、それがばねとしているのは、「いや、それもまた絵画に不可欠のものではない」という、すでになされたことや、なされたばかりのことへの反駁である。絵画は一種の哲学的な営為となる。さまざまな絵画的イメージを形成するための規則は、すでに言明されているものではなく、したがってすぐさま適用されるものでもない。絵画にとっては、むしろ絵画的イメージを形成するための規則を探すことが規則である――哲学にとって、哲学的な文章を形成するための規則を探すことが規則であるように。[28]

ここに見られる「否定弁証法」という言葉は、言うまでもなくアドルノに由来する。かつてアドルノは『否定弁証法』において、みずからの「弁証法」をヘーゲルのそれから隔てるべく、この言葉を用いていた。アドルノは言う――ヘーゲルの弁証法においては、「非同一的なものと客観的なものとを、絶対精神へと拡大され、格上げされた主観性にすべて封じ込めれば、それで宥和が生み出されるとされた」[29]。だが、

いったん否定されたものは、それが消滅するまで否定的である。これが、われわれとヘーゲルと

を決定的に分かつ点である。拭いようもなく非同一的なものの表現である弁証法的矛盾を、ふたたび同一性によって平らに均すということは、この矛盾が意味するものを無視し、純粋な整合的思考へと戻ることと同じであるからだ[30]。

明示的には述べられていないものの、リオタールが「否定弁証法」と言うときに前提とされているのは、明らかにアドルノのこうした立場であろう。リオタールにとって、前衛画家は絵画の規則を問いなおすという「哲学的な営為」をたえず続けるべき存在であり、かれらの「絵画とは何か」という問いを止揚するポイントはけっして存在しない。前衛は「さまざまな絵画的イメージを形成するための規則」をたえず探し求め、たえずそれに反駁しなくてはならない。ゆえにその問いは「否定弁証法」的なのだ。

ここでひとつ注意をうながしておきたいのは、絵画に代表される従来の造形芸術と、写真に代表される複製芸術とを、リオタールがかならずしも厳密に二分していないということである。写真もまた、その使命——すなわち共同体への貢献という技術的使命——を終えたとき、「無限の探求に

(28) I 133（一六三－一六四頁）。
(29) Theodor W. Adorno, *Negative Dialektik; Jargon der Eigentlichkeit*, Frankfurt am Main, Suhrkamp, 1973, S. 145（テオドール・W・アドルノ『否定弁証法』木田元・徳永恂・渡辺祐邦・三島憲一・須田朗・宮武昭訳、作品社、一九九六年、一七二頁）。
(30) *Ibid.*, p. 162（同前、一九五頁）。

よって開かれた領野に入ってくる」[31]。リオタールによれば、写真は元来、クアトロチェント以来の絵画が担っていた、共同体の「同一性の保証」という役割を引き継ぐものだった。しかし資本主義が広く浸透したいま、そのような共同体の「同一性の保証」にたいする関心は薄れていると言えるだろう。共同体はもはや、人々の同意やイデオロギーの押しつけといった方法を必要とすることなく、「驚異的なスピードで交換される」金銭や等価物によって、おのれの同一性を確認する。それにともない、「写真は絵画的伝統から受け継いだイデオロギーの同一性を確保するという責任から解放され、いまや諸々の探求を当然のごとく行なう」[32]。つまり写真家たちもまた、「絵画とは何か」という問いを続ける画家たちと同じく、「写真とは何か」という探求を近い将来において行ないはじめるということだ（事実、その数十年後にいるわたしたちからすれば、これはあまりに明らかなことであるように思われる）。

「写真とは何か」という問いは、これらの試みを絵画の前衛たちの弁証法にも比せられるような弁証法のなかに組み入れることになるだろう――つまり、否定弁証法のなかに[33]。

以上の事実に注目するなら、リオタールの崇高論がおもに絵画に即して提起されているとはいえ、その対象が絵画にかぎられないことは明らかだろう。「呈示不可能なもの」の探求は、絵画や音楽のみならず、産業革命以来の技術変革のなかで誕生した写真にもひとしく適用しうるものだ。それは言いかえれば、リオタールの崇高論が、原理的には写真においても等しくあてはまる可能性を示唆している。

　そのことを確認したうえで、ひとまず話題を絵画に戻そう。ここでリオタールは、さしあたり絵画を中心に議論を続けているからだ。すでに見たように、「君主も民衆もいない共同体において」描くという行為のむなしさに直面した前衛画家は、写真一般が前提とするような「合法的構成」[34]——すなわち遠近法——をつくり上げるのではなく、むしろそれらを転覆させる。繰り返すように、問われているのは絵画における「呈示不可能なもの」の探求であり、通常の視覚の領野においては隠されているものを「目に見えるようにする」ことなのだ。[35]つまるところ、かれらは「現前するものを苛む」のであり、ひいてはそれは、「美」によって快をもたらすような営為から袂を分かつことを意味する。むしろ前衛の使命とは、大衆にとっては苦にほかならない「崇高」の感情を引き起こすことにある。

（31）I 135（一六七頁）。
（32）I 136（一六七頁）。
（33）I 136（一六八頁）。
（34）I 132（一六二頁）。
（35）I 138（一七〇頁）。

3　ローゼンブラムと抽象的崇高

ところで、カントは「崇高」が理性理念の「否定的表出（negative Darstellung）」であり「無限なるものの表出（Darstellung des Unendlichen）」であると述べていた[36]。だが、そもそも『判断力批判』は、崇高な感情を喚起する対象から「芸術作品」を除外している。というのも、なんらかの目的性をともなった人工的な制作物は、カントにおいて純粋な美的判断の対象とはなりえないからである（とはいえ同時に、カントその人がピラミッドや聖ピエトロ大聖堂といった建築物を「崇高な」ものとして挙げているという事実も、あわせて指摘しておくべきだろう[37]）。

いずれにせよ、現代においてカントの「崇高」に立ち戻ろうとするとき、そこで芸術作品の扱いをどうするかという点は大いに問題含みである。二〇世紀後半における「崇高」の流行現象において、この概念がしばしば抽象絵画と結びつけられたという事情を考慮すればなおさらだろう。そのような議論を広く知らしめた代表的な論客として、美術史家のロバート・ローゼンブラム（一九二七－二〇〇六）を挙げることができる。

ローゼンブラムは、マーク・ロスコらの抽象絵画と、一九世紀の画家カスパー・ダーヴィド・フリードリヒのほとんど抽象的といっていい風景画とのあいだに一定の類似をみとめることで、戦後アメリカの抽象絵画にロマン主義の伝統を付与することを試みた。フリードリヒは《海辺の僧侶》（一八〇九）をはじめとする自然の壮大さを描いた作品を残していることから、カントの「力学的崇高」との関連でしばしば取り上げられる画家のひとりである。そのさい、ローゼンブラムもまたカントに依拠しながら次のように言う――すなわち、「美」がもっぱら対象の形式に関わるのとは対照的に、「崇高」は「不定形な対象(formlosen Gegenstand)」においても見いだされる。[38]そして「崇高」こそは、「ロマン主義的崇高の画家たちと[……]近年のアメリカの画家たちとを連続的に結びつける」もっとも重要な概念である。[39]たとえばローゼンブラムは、二〇世紀前半のアメリカの画家であるオーガスタス・ヴィンセント・タックの絵画にロマン主義的なモティーフ(「雷鳴轟く混沌」や「畏敬の念を起こさせる調和」)を見いだすのをはじめ、ロスコやポロックらの絵画を、フリードリヒに代表される北方ロマン主義の「崇高な」絵画の後継という文脈に組み入れながら論じていくのだ。[40]

そこでは、リオタールが論じているバーネット・ニューマンもまた、北方ロマン主義における崇高の伝統を受け継ぐ画家として登場するのだが、ローゼンブラムはニューマンの絵画のタイトルにあらわれている宗教的モティーフにふれつつ、カント的な意味における「崇高な無限性」をそこに見いだそうとする。

(36) Immanuel Kant, *Kritik der Urteilskraft*, *op. cit.*, V274(イマヌエル・カント『判断力批判』前掲書、二二六頁)。
(37) *Ibid.*, V252(同前、一九一頁)。
(38) *Ibid.*, V244(同前、一七九頁)。
(39) Robert Rosenblum, "Abstract Sublime," in *On Modern American Art: Selected Essays*, New York, Harry N. Abrams, 1999, p. 74.
(40) Robert Rosenblum, *Modern Painting and the Northern Romantic Tradition: Friedrich to Rothko*, London, Thames and Hudson, 1975(ロバート・ローゼンブラム『近代絵画と北方ロマン主義の伝統――フリードリヒからロスコへ』神林恒道・出川哲朗訳、岩崎美術社、一九八八年)。

たとえば、「ジップ」という特徴的な形象をもつ《ワンメントⅠ》(一九四八)については、次のように言われる。いわく、同作品における「垂直のジップには、カンヴァスの上下へと無限に伸びていく暗示がある。直線の軸と不定形の空間は、予測可能な幾何学の体系によって制限されることなく、無限である」[41]。また、同じくニューマンの《カシードラ》(一九五一)をめぐっては、より明示的な次のような評言がある——「その絶対的な大きさ(約八フィート×一八フィート)だけでも、この絵画は見るものを海のように広大な天空の青空に沈めてしまう。この青はフリードリヒやカールスに始まり、青騎士の巨匠たちに至るロマン主義の伝統のなかで広まった青にも似て、不可視の神性を宿す無限の魂の領域を思い起こさせる」[42]。

このいずれにおいても、ローゼンブラムが崇高だと見なすのは、絵画という有限な形式のもとでの無限性の喚起であると言えるだろう。《ワンメントⅠ》はカンヴァス外への延長を仄めかすジップによって、《カシードラ》は端的にタブローの大きさによって、絵画という有限な形式のうちに無限なるものを喚起しようとする。

「巨大で音のないそれらの絵画の前で沈黙し、観想しながら立つことで、われわれ自身が海の前に佇む僧侶となる」[43]——このローゼンブラムの言葉にしたがうなら、フリードリヒの《海辺の僧侶》において僧侶が占めていた場を、現代のわれわれは抽象絵画を前にして占めることになる。そのとき抽象絵画は、おそるべき自然の背後に仄めかされる神的な力に似たものを保持していることになるだろう。

しかし、こうした「抽象的崇高」をめぐる議論は、カントの崇高論における「否定的表出」や

「無限なるものの表出」といった表現の、いくぶん自由な翻案にほかならない。というのもローゼンブラムは、カントにおいて「崇高」を喚起する対象であるとされていた自然ではなく、その自然を描いたフリードリヒの絵画、あるいはそれと形態的に類似する――とローゼンブラムが考える――抽象表現主義の絵画に崇高なものを見いだしているからだ。だがそもそも、カンヴァスに描かれている海辺の僧侶と、絵画を見る鑑賞者の位相がまったく異なることは言うまでもない。加えて言うなら、抽象表現主義における「抽象的な」形象というのは、カントの言う対象そのものの「不定形」性となんら関わるものではない。同じカントの「否定的表出」という表現にしても、それは先立って見たような「理性理念」の表出にかかわるものであって、絵画表現における呈示像の欠如、つまり抽象表現主義やシュプレマティスム絵画をめぐる議論とは、そもそも問題の位相を異にしている。

あるいはより本質的な点に立ち入るならば、ここでタブローという「有限な形式」と、「無限の内容」との両立可能性の是非を問題にすることもできるだろう。というのも、すでにヘーゲルは『美学講義』の「崇高の象徴表現」において、カントの崇高論における「無限」について次のように述べていたからである――「無限なるものは、それ自体が目に見えない形なき意味として、複雑に絡みあう対象の全体から弾き出され、内面化されたものである。ゆえにそれは、その無限の性格

（41） *Ibid.*, pp. 210-211（同前、二九二頁）。
（42） *Ibid.*, p. 212（同前、二九三頁）。
（43） Robert Rosenblum, "Abstract Sublime," *op. cit.*, p. 74.

からして言葉にも表せず、有限物による表現のすべてを超えている」[44]。このヘーゲルの立場にしたがうなら、そもそも無限なるものが、有限な形式のもとで表現しうるという発想そのものが無効を宣言されるだろう。

それでは、リオタールについてはどうか。

リオタールの崇高論を、ローゼンブラムに代表される抽象芸術論と同一視するタイプの言説は珍しくない。たとえば谷川渥は、リオタールがカントの崇高論における言語芸術的なものをほとんど考慮に入れず、「視覚芸術における崇高を問題にすることをみずからに許している」と批判する[45]。あるいはディアミッド・コステロは、カントの崇高論における「無限なもの」を、絵画という有限な形式を通じて表現しうるという発想そのものに疑いの目をむける[46]。これ以外にも、時に二〇世紀の絵画作品を参照するリオタールの崇高論が、カントのそれに忠実ではないという指摘はしばしばなされてきた。だがもちろん、リオタールの「崇高」は、現実にある事物の代理＝表象(représentation)であることをやめた抽象絵画や、抽象的なものも含めたあらゆる形象を禁じるマレーヴィチのシュプレマティスム絵画のみを対象とするものではない。そのように言いうる根拠は、前節の議論からすでに明らかであると思われる[47]。

この事実をあらためて思い起こす必要があるだろう。リオタールの芸術論において、崇高さは前衛による「呈示不可能なもの」の探求にこそ見いだされる。むろん、そのさい抽象絵画に話題がむけられることもある。しかしその議論の内実は、ローゼンブラムの「抽象的崇高」とはほとんど共通点をもたない。リオタールにとってとりわけ重要だった画家バーネット・ニューマンを例外として、[48]しばしば「崇高」というトピックに関連して登場する画家たちが、リオタールの崇高論に占める地位はけっして大きくない。したがって繰り返しになるが、リオタールが抽象絵画を問題にするとしても、そこでは絵画の内容そのものが「崇高なる無限性」として称揚されているわけではない、という点には注意が必要である。リオタールの「崇高」は、「呈示不可能なもの」があるということを芸術作品によって呈示しようとする試み一般に見いだされるものであり、ゆえに特定の時代や地域、ましてや抽象絵画というひとつの表現様式に閉じられたものではない。ほかのところで「あらゆる「偉大な」作品は前衛に属すると言える」と述べられているように、[49]リオタールの崇高論は、

(44) G. W. F. Hegel, *Vorlesungen über die Ästhetik*, Frankfurt am Main, Suhrkamp, 1970, S. 467（G・W・F・ヘーゲル『ヘーゲル美学講義』長谷川宏訳、作品社、一九九五年、上巻三九四頁）。
(45) 谷川渥『美学の逆説』筑摩書房、二〇〇三年、六三－六四頁。
(46) Diarmuid Costello, "Lyotard's Modernism," in *Parallax*, vol. 6, no.4 (2000), pp. 76-87.
(47) ただし、こうした批判的洞察にも実は一定の妥当性がある。というのもリオタールは、カントのテクストを参照するさい、ところどころで不用意な論述を繰り返しているからである。すなわちある一節では、マレーヴィチの《白い正方形》をカントが論じた「表象（偶像）の禁止」の典型として挙げており（PE 28：二八頁）、また別の一節では、カントの「抽象的表出」という言い回しにふれながら、カンディンスキーの『芸術における精神的なもの』への仄めかしをしている（I 138：一七〇頁）。こうした文章のみに目をむけるなら、リオタールの崇高論が基本的に絵画を対象とするものであり、それがマレーヴィチやカンディンスキーの抽象絵画を論じるための概念なのだと考えられたとしても、あるていどはやむをえないことかもしれない。
(48) 第三章で詳説するように、「瞬間、ニューマン」（一九八四／八五）において、リオタールはニューマンをほかの抽象表現主義の画家たちから明確に隔てている（I 89：一〇五頁）。
(49) MP 204（二九〇頁）。

すでに見たような写真、音楽といった芸術ジャンルにも――原理的には――適用可能なのだ。

4　超越的な崇高と内在的な崇高

ところで、「崇高なものはおそらく、モダニズムを特徴づける芸術的感受性の様式である」[50]と述べるリオタールによれば、崇高なるものの再興は近代という時代と分かちがたく結びついている。というのも、まさしくこの時期を境として、クアトロチェント以来絵画を支配してきた線遠近法、およびそれが支えてきた表象のシステムが崩壊をはじめたからである。[51]ただし、一般的にはクールベやマネに帰されるこの転換点を、リオタールはセザンヌに定める。セザンヌの絵画においては、もはや「ガラスのように扱われた画面のうえに、奥行きという幻影的なイリュージョンを生み出すことが問題」なのではない。そうではなく、「表象作用によっては消されてしまうほかない造形的な諸特性」を、見るものの前に出現させることこそが問題となる。[52]

そして、このモダニズムと「崇高」の問題において真っ先に想起されるべきは、やはりアドルノである。というのも、近代芸術の特徴を示す概念として「崇高」という言葉をはじめに用いた人物のひとりこそ、ほかならぬアドルノであるからだ。アドルノは、未完に終わった遺稿『美学理論』において、カントの崇高論を芸術の問題へと導きいれながら、「形式美の崩壊後、モダニズムの時代全体を通して伝統的な美的理念として残されたものは、ただひとつ崇高の理念のみであった」と述べる。[53]

管理された世界において、芸術作品にとってそれが受け入れられるためにふさわしい形態とは、伝達不可能なものを伝達する形態、すなわち物象化した意識を突破することにほかならない。真実内容の圧力によって、美的形態が超越的なものに変えられているような作品は今日、かつて崇高なものという概念が目指していたものと同じものを目指すと言ってもよい。[54]

リオタールが前衛芸術について、それがたんなる快ではなく苦を示そうとしていると述べたことについては、このアドルノの影響によるところが大きいように思われる。[55] ただしリオタールは、モ

(50) I 105(一二七頁)。
(51) DP 76.
(52) DP 76.
(53) Theodor W. Adorno, *Ästhetische Theorie*, Frankfurt am Main, Suhrkamp, 1970-72, S. 293-294(テオドール・W・アドルノ『美の理論』大久保健治訳、河出書房新社、一九八九年、三三六頁)。
(54) *Ibid.*, S. 292(同前、三三四頁)。
(55) リオタールは、一九七〇年前後にはまだアドルノを読んでいなかったとのちに告白しているが(DMF 20:二六頁)、七〇年代中葉からは頻繁にアドルノを取り上げ、論文(「悪魔としてのアドルノ」「アニマ、ミニマ」)も複数したためている。また、一九八四年の『知識人の終焉』では、アドルノについて「ポストモダンの先駆者」であるとも述べている(TI 85:九六頁)。リオタールにおけるアドルノからの影響については次を参照のこと。Jean-Loup Thébaud, « Lyotard lecteur d'Adorno », in Françoise Coblence et Michel Enaudeau (eds.), *Lyotard et les Arts*, Paris, Klincksieck, 2014, pp. 147-162.

ダニズム以来の芸術作品を、すべて「崇高」の系譜に連ねるわけではない。むしろアドルノが評価したようなモダニズム芸術は、なるほど崇高であると言えるかもしれないが、それはノスタルジックな崇高にすぎない、という留保をつけている。

先立って見たように、リオタールは「快でもあり不快でもある」というカントの「崇高」の定義に拘りを見せる。[56] さらにそれを進めるかたちで、芸術作品が真に崇高なものであるためには、それが見るものに快と苦を同時にもたらさねばならないという。それでは、モダニズムの芸術は、見るものたちにそうした苦を引き起こさないのだろうか。リオタールもまた、慣習的な美とは異なるありようをめざすモダニズム芸術は、われわれの構想力を苛むような不調和を探求すると述べていたのではなかったか。

両者に違いがあるとすれば、それは「呈示不可能なもの」をどのようなものとみなすか、という点にある。リオタールによれば、崇高なものは、いまだ知られざるものの探求のうちにこそある。そうであるがゆえに、かれの言う「呈示不可能なもの」は、失われた対象としてノスタルジックに探索されてはならない。すなわちリオタールは、前衛芸術が形式において探求すべき「呈示不可能なもの」が、取り返しようもなく失われた過去のものとして神秘化されてしまうことに警鐘を鳴らしているのである。「呈示不可能なもの」の探求は、絵画の内容のうちに失われた起源や目的を求める営為と、けっして混同されてはならない。不調和は内容のうちにではなく、あくまでも形式において探求されなければならない。だからこそ、モダニズムにおける「崇高」の美学を、リオタールは「ノスタルジー」であるとして批判するのだ。[57] モダニズムの芸術は「呈示不可能なもの」へのノスタルジーにとらわれており、いわばその甘美なる欠如によって、見るものに慰めを与えている。ゆえにそれらの作品は、快と苦の内的な結合であるところの「真の崇高」をかたちづくることはない。

モダニズムの美学は、崇高の、しかしノスタルジックな美学である。その美学は呈示不可能なものがただ不在の内容としてのみ引き合いに出されることを可能にするのだが、形式のほうはそのはっきりとわかる一貫性のおかげで、読むものや見るものに慰めや喜びの素材を提供しつづける。ところで、これらの感情は、快と苦——すなわち理性があらゆる呈示を超えてしまうような快と、構想力や感受性をもってはその概念に対応しきれないような苦——の内的な結合である、真の崇高の感情をかたちづくることはない。[58]

呈示そのもののなかから「呈示不可能なもの」を引き出すような何か、新しいさまざまな呈示を楽しむためではなく、「呈示不可能なもの」がそこに存在すると強く感じさせるために、それを訪

（56） Immanuel Kant, *Kritik der Urteilskraft, op. cit.*, V257-258（イマヌエル・カント『判断力批判』前掲書、一九九―二〇〇頁）。
（57） ただし、モダニズム芸術にたいするこのような図式的な議論には大いに疑問の余地があるだろう。このようなリオタールの議論を批判した文献として、たとえば次のものがある。Marcella Tarozzi Goldsmith, *The Future of Art: An Aesthetics of the New and the Sublime*, New York, State University of New York Press, 1999, p. 44.
（58） PE 32（三三―三四頁）。

ね求めるものこそが真に崇高である、とリオタールはかたくなに論じる。[59] この時期（一九八〇年代前半）にリオタールが、新表現主義をはじめとする潮流に強い批判を浴びせかけていたことはすでに見た。それは、すでに存在する——見かけのうえでの——前衛的な様式を組み合わせた絵画でしかなく、リオタールからすれば、これは市場の原理に迎合した前衛まがいの後衛でしかない。

だが、そのような議論のなかで、リオタールは市場に迎合する商業主義や折衷主義に加え、さらにもうひとつの批判対象を明らかにする。すなわちそれは、新たな芸術的実験を試みてはいるが、「呈示不可能なもの」をノスタルジックなものとして捉える芸術である。すでに見たように、リオタールはこの立場に一定の賛意を示すものの、最終的にはこれを「ノスタルジックな崇高」であるという理由によりしりぞける。モダニズムの美学における「呈示不可能なものの呈示」は、それが不在であるというノスタルジーに陥ってしまっているがゆえに、快と苦の結合による真の崇高性には到達しえない。そうした批判をふまえて提出される芸術の「新たな形式」とは、市場の要請に応じたさまざまな様式の折衷にあるのでもなければ、過去の芸術作品がもっていた力能の回復にあるのでもない。すなわちそれは、かつてあったものをただ模することも、懐かしむことも厳しくしりぞけるような実践でなければならないのだ。リオタールが好む表現を用いるなら、それは前未来形（「なしとげられているだろう aura été fait」）でしか語ることができないような何か、あるいは「未決定性の只中における到来」以外のものではありえない。[60]

この事実は、リオタールの定義する「呈示不可能なもの」の輪郭を、よりいっそう明確にするだろう。すなわちリオタールにとってそれは、失われた過去のものでもなければ、われわれの経験的な世界に先立つ超越的な何かでもない。リオタールはカントを念頭におきながら、「呈示不可能なもの」を、感性によって把握することはできないが、ただそこにあるということだけは暗に仄めかすことができるような何かだと述べていた。ただしその「呈示不可能なもの」は、ある一点において、カントの「理性理念」とは決定的に立場を異にしている。カントによれば、崇高なものとは「その表象が心を規定し」、「自然の到達不可能性を、理念を表出するものとして思考させる」ような（自然の）対象である。[61] これに対して、リオタールにおける「呈示不可能なもの」は、まずもってそれが資本主義の内部にあるということが明確に打ち出されている。たとえばリオタールは『遍歴』（一九八八）において、現代における「崇高」の美学の条件について次のように述べていた。

> 精神は、みずからが崇高の美学という逆説的な条件のもとにおかれていることに気づくだろう。空間と時間はもはや所与のものとしてではなく、概念（思考）として把握されるようになり、たんなる呈示は、次第に高まるメディアの（すなわち媒介物の）覇権により排除される。思考は、もはやみずからにかかずらうことをやめる。そして、われわれにもたらされる映像や音響はいったん計算されたものである以上、すでに思考されたものとなる。[62]

（59） PE 32-33（三四頁）。
（60） I 93（一一一頁）。
（61） Immanuel Kant, *Kritik der Urteilskraft, op. cit.*, V268（イマヌエル・カント『判断力批判』前掲書、一四五頁、傍点省略）。

つまりこういうことだ。われわれの視覚や聴覚は、さまざまなメディアをはじめとする人工物にあらかじめ囲い込まれている。したがってそこでは、「自然」と「技術」のあいだにある差異はおのずから消滅する。あるいは、「自然が存在しないのだとしたら、すべては技術であり、人工物なのだ」[63]——リオタールはこうした前提のもと、カントの崇高論から「自然」のはたらきを取り除くのである。カントにおいて、崇高な感情を惹起する対象であった自然の眺めは、もはやたんなる自然の眺めとしては与えられていない。いかなる目的性をもともなわない自然が所与のものとしては与えられていない以上、カント的な「崇高」は、もはや現代においては成立しえないのだ。

しかしだからといって、無批判にその外——たとえば自然への回帰——をめざすことも、われわれを取り囲むシステムにたいする根本的な批判とはなりえない。現代のテクノロジーやメディアにたいする真に批判的な営みとは、その外部に出ることではなく、あくまでも内部にとどまりながら、そこに通約不可能なものを見いだすことだ。言いかえればそれは、「自然の観念にもとづく美学が終わった」現代の状況において、「「自然」との直接的な接触によっては不可能であった新たな形式を発明すること」である。[64]このような認識は、リオタールが前衛の試みを支持するさいの、もっとも重要な前提でもあった。

画家ジャック・モノリの作品に捧げられた『絵画による経験の殺戮』(一九八四)において、リオタールはこれらを「超越の崇高(le sublime de transcendance)」と「内在の崇高(le sublime d'immanence)」として明快に腑分けしている。リオタールは、ここでも明らかにカントを念頭におきながら、かつての「崇高」が「超越的な」ものであったとすれば、現代におけるそれは「内在的な」ものに取ってかわられたと論じている。[65] カントの崇高論は、構想力が限界に達したときに、超感性的なものの管轄に属する「理念」が否定的に表出される、というモデルに依拠していた。だが周知のように、カントの哲学体系においては、かの「道徳法則」をはじめとする超越的な規定根拠が存在した。[66] ひるがえってリオタールは、カントにおける道徳法則に相当する何かを、いわゆる「超感性的なもの」として想定することはない。リオタールによれば、「呈示不可能なもの」はあくまでわれわれの住まう資本主義社会のなかにあるのであり、そこではカントにおいて絶対的だった道徳法則もまた、すでに失効してしまっている。

*

(62) P 84（七九頁）。なお、同書は一九八六年にカリフォルニア大学アーヴァイン校で行なわれた連続講演の原稿にもとづいている (*Peregrinations: Law, Form, Event*, New York, Columbia University Press, 1988)。ただし、初出よりものちに出版されたフランス語ヴァージョンのほうが文意が明快であるため、本書では後者を底本とする。

(63) MP 29（三三－三四頁）。

(64) P 84（七九－八〇頁）。

(65) AEP 153（一六四頁）。なお、同書のタイトルは『絵画による経験の殺戮――モノリ』であって、日本語題（『経験の殺戮――絵画によるジャック・モノリ論』）は原題の意図とは著しく異なる。

(66) *Cf.* Immanuel Kant, *Kritik der Urteilskraft*, *op. cit.*, V275（イマヌエル・カント『判断力批判』前掲書、二二七頁）――「しかし道徳法則は、われわれのうちにあって、それ自体として充分に、しかも根源的に規定的である。そのためわれわれは、この道徳法則の外に、それ以外の規定根拠を探し回ることはけっして許されない」。

本章では、リオタールの崇高論の背景となる基本的な問題意識を明らかにしてきた。リオタールは、資本主義による美的なものの平準化、ないし芸術の商業化に抵抗するためにこそ、「快と苦の内的な結合」であるところの「崇高」に賭ける。そして前衛とは、たえず新たな形式を発明しながら「呈示不可能なもの」を探求しつづけるものたちのことである。ここからわかるように、リオタールの崇高論は、抽象絵画における「不定形な」要素や、「無限」なるものの喚起といったものに還元されるべきではまったくない。その作品がとるかたち（ジャンル、メディウム）が何であれ、商業的な要請にしたがい画一化されつつある「美」に疑問を投げかける行為のなかにこそ、「崇高」は存在するのである。

そのような背景をもつリオタールの崇高論を、たんに美学の枠内で語ることはほとんど不可能であり、なおかつそれは無意味でもある。リオタールの「崇高」は、二〇世紀後半の時代状況と密接に結びついており、それは後期資本主義社会の芸術にたいする強い危機意識から生じたものにほかならない。もっとも、本章ではおもにカント美学との関連からこれを論じるにとどまったため、そもそもの資本主義にたいするリオタールの立場を十分に明らかにできたとは言いがたい。さしあたり本章では、おもに一九八〇年代前半に書かれたテクストを対象に、資本主義という目的本位のシステムが芸術を凋落させていくことへの懸念を紹介するにとどめた。ひるがえって次章では、いったんそれ以前のテクストにまで遡りながら、リオタールにおける美学と政治の絡み合いをより詳しく見ていくことになるだろう。

第二章

表象不可能性とその隘路

1　芸術の批判機能

ここまで論じてきたように、リオタールの崇高論は、一方でカントの『判断力批判』という美学の古典的なテクストを主要な源泉としながら、他方では同時代の社会状況にたいする批判的洞察に深く根ざすものでもあった。後期資本主義社会をめぐるリオタールの危機感――それは、大衆の好みに応じた最大公約数的な「美」があるていどまで計測可能なものになり、資本主義的な「金銭のリアリズム」が芸術家を順応主義へと追いやっていくことへの危機感にほかならない。そうした問題意識がリオタールの崇高論の背景にあったということは、第一章の議論からも明らかだろう。

「崇高」をその中核とするリオタールの美学は、政治経済をはじめとする社会問題と密接に結びついていた。そして、美学を通じて政治経済の問題に取り組むこうした姿勢は、かれが若かりし頃にマルクス主義者として活動していたことと、もちろん無関係ではありえない。そこで、本章ではまず、リオタールが政治運動に足を踏み入れた一九五〇年代から『言説、形象』（一九七一）を発表するまでの歩みを簡単にたどっておこう。

二〇代半ばで大学教授資格試験《アグレガシオン》に合格したリオタールは、一九五〇年から五二年まで、アルジェリアのコンスタンティーヌ高校で教鞭を執っていた。そこでリオタールはピエール・スイリと出会い、五四年にはともに「社会主義か野蛮か（Socialisme ou Barbarie）」での活動を始める。「社会主義か野蛮か」は、第二次世界大戦後にクロード・ルフォール、コルネリュウス・カストリアディスらによって結成された組織であり、そこでリオタールは「フランソワ・ラボルド」というペンネームで政治問題を論じていた。[1] 当時、リオタールがおもに執筆していたのは雑誌『社会主義か野蛮か』およびその分裂後に刊行が開始された『労働者の権力』という媒体だった。だがリオタールが記すところによれば、「一五年ばかりの遠洋航海ののちに、これらの雑誌と新聞は一九六四年から六六年にかけて難破、あるいは航海をやめて一時寄港した」[2]。これらの組織の解散によって、リオタールがカストリアディスやルフォールらとともにマルクス主義者として活動していた時期は、ひとつの区切りを迎えたと言うことができる。[3] 六八年のパリ五月革命によって誕生したヴァンセンヌ実験大学（のちのパリ第八大学）で教鞭を執るようになってからのリオタールは、五四年の『現象学』より途絶えていた著書の執筆に専心する。そして、国家博士論文を下敷きにした『言説、形象』を皮切りに、現象学、精神分析、マルクス主義の理論を特異なしかたで継承したテクストを次々と世に送

（1）序章でも見たように、当時書かれたテクストは『アルジェリア人たちの戦争』（*La Guerre des Algériens. Écrits 1956-1963*, Paris, Galilée, 1989）に収録されている。なお、本文でふれたピエール・スイリ（Pierre Souyri, 1925-1979）について、リオタールは「あるマルクス主義の回想」（« Mémorial pour un Marxisme »）というテクストを残している。P 89-134（八三－一三二頁）。
（2）DMF 11（一五頁）。
（3）次の研究書によれば、リオタールが「労働者の権力」を正式に脱退したのは一九六六年の秋のことであるという。Dominique Frager, *Socialisme ou Barbarie. L'aventure d'un groupe (1946-1969)*, Paris, Syllepse, 2021, p. 201.

り出していくのである。(4)

そのような前期リオタールの活動をたどってみると、のちの崇高論をはじめとする美学的な問題がそこに介入する余地は、ほとんど存在しないかのようにも見える。げんに、これ以後のリオタールの仕事に、政治運動家から理論家へ、政治的な言説から美学的な言説へという「回心」を見てとることはむずかしくない。しかし実のところ、美学をめぐるリオタールの言説は、はじめからこういった政治的関心に立脚したものだった。言いかえれば、リオタールにとって芸術作品を論じることは、ごく初期から一貫して政治の問題でありつづけた。たとえば、一九七三年の『マルクスとフロイトからの漂流』(以下『漂流』)において、リオタールは美学がもつ批判的機能について、次のように書いている。

> 「美学」は、わたしがかつてそうであったような(あるいはいまもそうかもしれない)政治運動家にとってのひとつの口実、心地よい退却ではなく、政治的場面の地下室に下りていくための断層であり、亀裂であり、逆転され、倒置された政治の深部を見るための巨大な洞窟、政治的場面を包囲、あるいは方向転換させるための回路だった。というのも、「作品」の生産において示される欲望の操作からは、イデオロギーの生産のうちに隠されている操作もまたもたらされるからである。ここからは次の等式が成立する。美学=もっとも判別力のある批判的概念を鍛えるための仕事場《アトリエ》。(5)

美学が「もっとも判別力ある批判的概念を鍛えるための仕事場《アトリエ》」である、ということ――ここには、のちにカントの『判断力批判』を繰り返し論じることになるリオタールの未来が予示されている。いずれにせよ、「政治的場面の地下室に下りていくための断層」であり「政治的場面を方向転換させるための回路」としての美学を、まさしくこれ以後のリオタールはみずからの「仕事場」とすることになるのである。

その足跡を簡単にたどっておこう。

リオタールが特定の芸術家について一冊を捧げたのは、一九七七年のマルセル・デュシャン論（*Les Transformateurs Duchamp*）が最初であり、画家ジャック・モノリやアルベール・エームについての文章を継続的に発表しはじめるのは、その後の八〇年代に入ってからのことである。だが、前述のよ

（4）この間のリオタールの活動を簡潔にまとめたものとしては、次の文献に収められているカス・サガフィの記述が有益である。Jacques Derrida, *Chaque fois unique, la fin du monde*, presenté par Pascale-Anne Brault et Michael Naas, Paris, Galilée, 2003, pp. 395-397（ジャック・デリダ『そのたびごとにただ一つ、世界の終焉（II）』土田知則・岩野卓司・藤本一勇・國分功一郎訳、岩波書店、二〇〇六年、一七五―一七九頁）。

（5）DMF 20（二六頁）。デイヴィッド・キャロルは『パラエステティクス』（一九八七）においてこの一節を引用しながら、実のところリオタールの立場には曖昧な部分があると指摘する。キャロルの言うところでは、ここでリオタールは「美学」を積極的な意味で「批判的」と形容しながら、ほかのところでは「美学」や「芸術」に対してしばしば消極的な立場をとっている。「美的なもの［the aesthetic］と批判的なもの［the critical］との等号をめぐって、リオタールは読者に対してまったく異なる、ひいては対立しさえする一連の発言を突きつける」（David Caroll, *Paraesthetics: Foucault, Lyotard, Derrida*, New York; London, Methuen, 1987, p. 28）。

うな美学＝政治的実践にたいするリオタールの関心は、『言説、形象』『欲動機構』『リビドー経済』といった、一九七〇年代前半のテクストにまで遡る。ただ、それらに異なる点があるとすれば、この時期においては個々の芸術作品のもつ諸特性がしばしば捨象され、あらゆる作品にたいして政治的意味がほぼ独断的に付与されている点だろう。よりはっきり言ってしまえば、当時のリオタールのテクストに、具体的な作品論が欠けているという印象は否定できない。とりわけフロイトからの大きな影響のもと、リオタールは「一次過程」や「二次過程」といった分析概念を用いながら、いくぶん奇妙とも言える議論を繰り返している。そして、資本主義のヘゲモニーに抗するための批判的な力を秘めるとされる芸術作品は、およそ具体的な説明を施されることなしに、既成の精神分析的語彙によって、かれの議論のなかに組み込まれていくのである。

たとえば、フロイトの「リビドー」を鍵概念とする『リビドー経済』（一九七四）では、一九世紀から二〇世紀にかけて、具象画から抽象画への「位置移動（déplacement）」が起こったという事態そのものが重要であったとされる[6]。第一章でも見たように、リオタールはこの「位置移動」が始まった転換点としてセザンヌを重視している。すなわち、セザンヌとともに具象画から抽象画への位置移動が起こり、それによって、タブローは具象画という「不動化の極（pôle d'immobilisation）[7]」へと固定されることをやめた。ここで否定的に定義されている「不動化の極」とは、簡単に言えば、人間の能力の停滞や依存状態を指している。リオタールによれば、そうした「不動化の極」へとむかう具象画は、興奮しているわれわれの「部分欲動」をひとつの極へと繋ぎとめてしまう。こうした不動性に対して重視されるのは、抽象画における「動くもの」、すなわち「支持体の皮膚（peau du support)」と呼ばれるものである。

反対に運動しはじめるのは、色彩によってしるしづけられた支持体の皮膚（画布、溶剤、顔料）である。というのは、その皮膚が、もはやみずからが表象しているもの（実際にはそれは何も表象していないのだが）の「背後にあって」消去されないという理由にのみよるのではない。同時に、それを享受しない眼にとっては何の意味ももたない点、線、面、色の組み合わせといった見せかけの不動性こそ、欲望がそれとともに運動する当のものとなるからである。(8)

抽象絵画において、何ものも代理＝表象することのない「支持体の皮膚」――画布、溶剤、顔料など――は、われわれの「リビドー」を運動へともたらす。かくして、現実の代理＝表象となることを拒む抽象絵画は、そのような観点から肯定的に評価されることになるのだ。こうした言説に代表されるように、一九七〇年代のリオタールには、作品の意味内容と形式とを対比的に捉えたうえで、後者に積極的な意義を付与する姿勢がみとめられる。

げんに、ブリジット・ドゥヴィスムによるインタヴューのなかで、リオタールは芸術の批判的機能について次のような持論を述べている。かつて芸術が担っていた儀礼的・宗教的な要素を清算し

（6） EL 291（三七六頁）。
（7） EL 291（三七六頁）。
（8） EL 291（三七六－三七七頁）。

てしまった資本主義にたいして、なおも芸術が批判的にかかわりあうことは可能か。もしも可能であるとすれば、それは作品の意味内容の次元ではなく、むしろ形式の次元においてなされるだろう。つまり芸術の批判機能とは――しばしばそう信じられているように――表現された「内容」のうちにあるのではなく、絵画、音楽、写真をはじめとする、それぞれの「形式」のうちにある。たとえばマラルメが『骰子一擲』において行なったことは、内容ではなくその形式において「政治的な」批判的作業であったという。

なぜかと言えば、印刷術による空間そのものが、それに多くの点で抵抗し、言説の空間によって抑圧される造形空間に打ち克った空間であることに、マラルメは気づかせてくれるからだ。しかもまさに『骰子一擲』のなかで、この造形空間は言説的、テクスト的空間とは別物として示唆され、再構成されている。「［そんなものには］いかなる政治的影響もない……」と言う人もいるだろうが、そのような意見が誤っていないとはかぎらない。[9]

こうした発言によれば、芸術の批判機能はそれが表現する内容にではなく、その形式的な革新性にこそ見いだされることになる。すでに気づかれたかもしれないが、こうした議論は、第一章で見たような「崇高」をめぐる議論とある共通性を有している。リオタールは、前衛の芸術家たちが無限の形式的探求に取り組むかぎりにおいて、かれらを積極的に評価していた。それはリオタールが言うところの、「呈示不可能なもの」を呈示しようとする試みである。とはいえこうした試みは、その内容において「呈示不可能なもの」を追い求める「ノスタルジックな崇高」と同一視されてはならない。芸術家による実験が内容のうちにではなく、あくまでも形式のうちに求められるべきだという点で、リオタールの立場は一貫している。

ここで、次のようなケースを考えてみてもいいかもしれない。今しがた見たようなリオタールの考えに倣えば、ある作品がプロパガンダ的な内容によって政治的メッセージを投げかけようとすることは（すくなくともそれ単独では）、およそ肯定的に評価しうるものではない。作品はあくまでも、大衆の共通認識を裏切るような「造形的」変革を行なうことによってこそ、それ本来の批判機能をもちうるからだ。こうした立場は、政治的な言説やメッセージそのものへの不信感に由来するものである。政治的領域におけるあらゆる革命は、いまある権力機構を打破したのちに、それに取ってかわる機構を打ち立てることをまぬがれない[10]。だからこそ政治組織は、それがいかなるものであれ、すでにある活動の型にはめ込まれるやいなや、そこに不可避的に回収されてしまう。これとは対照的に、「前衛と呼ばれる種類の解体［déconstruction］」こそ、政治にたいする「唯一の有効な活動型」となる、とリオタールは述べる[11]。というのも、こうした造形的変革こそ、一見すると政治的言説とは無縁なしかたでそれを攻撃することができ、「事物の意味を改革するのではなく、造形的な組織

（9） DMF 221（二五三頁）。なお、のちにガリレ社から上梓された同書の再編集ヴァージョンにおいて、このインタヴューは削除されている。同書では原著の約半分にあたるテクストが省かれているが、その理由について、とくに序文などで説明はなされていない。*Cf.* Jean-François Lyotard, *Dérive à partir de Marx et Freud*, Paris, Galilée, 1994.
（10） DMF 222（二五四頁）。

や意味づけの組織を攻撃する」ことができるからである。[12]

それゆえ「革命的芸術」なるものは、用語そのものにおいて「まったく矛盾しているし、嫌悪すべきもの」ですらある。[13]問題は、芸術と政治を結合させることではないのだ。なぜなら革命的芸術をつくり出そうとすることこそまさしく、芸術が政治の言説に寄り添うことを意味してしまうからだ。むしろ「芸術による形式的探求」そのものが「政治的」であるということを、ただしく認識しなくてはならない。既成の意味づけを攻撃しうる芸術的実践を通じて、「秩序が隠蔽している何か」を露呈させることこそ、リオタールが強く要求するものなのだ。

> 美的な形式主義として立ち現れるもの、「前衛」と称する探求やあらゆる種類の解体——これこそが、実はただひとつの有効な活動型なのだ。[……] この活動がもつ機能とは、秩序として提示されるものを徹底的に解体し、この秩序のなかで抑圧されているほかの何ごとかを「秩序」が隠蔽しているということを、はっきりと示すことなのである。[14]

2 恐怖による抵抗

ところで、この「秩序が隠蔽している何か」という表現において、リオタールは一体どのような事態を想定しているのだろうか。

いささか迂遠になるが、次にこの問題について考えるために、リオタールが「みずからの哲学の書」と呼ぶ『文の抗争』（一九八三）への迂回を試みよう。(15) おもにウィトゲンシュタインに依拠しつつ、一貫して言語哲学的な問題を扱う同書が、政治や美学にかかわるリオタールの仕事と関連づけて論じられることはあまりない。だが、いっけん政治や美学から距離をおいたかに見える同書においても、それが書かれた同時代の状況、すなわち資本主義にまつわる問題が論じられていることを見逃すべきではない。

あらかじめ序章で見ておいたポイントを、ここでふたたび繰り返しておこう。同書のタイトルにもなっている「抗争（différend）」という言葉は、原告と被告によって執り行なわれる「係争（litige）」とは明示的に隔てられる。「抗争というのは、係争とは異なり、（すくなくとも）二人の当事

（11）フランス語の déconstruction は、知られるようにジャック・デリダがハイデガーの Abbau および Destruktion の訳語として充てたものである。リオタールが、当時すでにデリダの概念として流通していたこの言葉をふまえていることは明らかだが、そこではデリダにおける「脱構築」の内実やニュアンスが十全に踏襲されているわけではない。そのような事情をふまえたうえで、ここでの déconstruction は「解体」とする。

（12）DMF 223（二五五頁）。

（13）DMF 221（二五三頁）。

（14）DMF 222（二五四頁）。

（15）同書（*Le Différend*）は、過去に『争異』と呼ばれてきたケースもある。だが、本書では読者の参照の便宜のため、従来通り différend には「抗争」という訳語を充てる。ただ、リオタールがこの言葉を用いるにあたり、デリダの「差延（différance）」やドゥルーズの「差異（différence）」を念頭においていたことは明らかである。その意味において――フランス語の動詞 différer（［自動詞］異なる／［他動詞］延ばす）をふまえた――「争異」という日本語のニュアンスも、つねにどこかで意識しておく必要があるだろう。

者双方の議論に等しく適用されうる判断規則が存在しないために、公平な決着をつけることができないような争いが両者間に起こる場合のことである[16]」。すなわち、犠牲者あるいは被害者による異議申し立てから始まる「係争」に対して、「抗争」とはそうした異議申し立ての権利を奪われたものたちが追いやられている事態、すなわち「係争」化が不可能な事態を意味している。次の一節を見よう。

原告が法廷に提訴するのに対して、被告はその告訴が事実無根であることを示すべく議論を進める。ここにあるのは係争である。これに対して、わたしが抗争という名で示そうと思うのは、原告が論議する手段を奪われ、そのために犠牲者となる場合である[17]。

もちろん、ここでの原告、被告、法廷の関係は、あくまで比喩的なものにすぎない。ここでいう不当な被害とは、「犠牲者が生命を奪われている場合、あるいは自由をまったく奪われている場合はもちろんのこと、自分の考えや意見を公にする自由を奪われている場合、さらにはもっと単純に、損害を証言する権利を奪われている場合、さらにはその証言者の文《フレーズ》そのものが権威を奪われているだけの場合も該当する[18]」。つまるところ「抗争」とは、いまだ「文」にされざるものが存在するにもかかわらず、それが「係争」の背後で押し潰されてしまっているような状態である。そしてこの、いまだ「文」にされていない何かを表現する方法を発見することこそ、「ある種の文学、哲学、政治の賭け金である」とリオタールは言う[19]。つまり、こうした不当な犠牲を証言するための新たな

「文」の連鎖をつくることは、たんに言語学的な問題にとどまるのではなく、政治や倫理、ひいては美学の問題へと直結しているのである。

もっとも、「抗争」を引き起こしうる諸々の「文が存在しないことは不可能であり」、それらの文を連鎖させることは、「当為（*Sollen*, obligation）」ではなく「必然（*Müssen*, nécessité）」である[20]。どういうことか。リオタールによれば、「ひとつの文は、いかなる文であろうとほかの文を呼び招く」のであり、そのような文はつねにすでに、いたるところで生起している[21]。したがって「抗争」もまた、諸々の文や言説の連鎖、あるいは衝突にさいして、たえず生じつづけているはずである。とすれば、それがわれわれに気づかれぬままにとどまっているのは、文の「生起」を何ものかが隠蔽し、調停し、知らぬ間にそれを中和しているからにほかならない。リオタールがこうした議論を通じて告発しようとしているのは、まさしく文の「生起」がもつ、出来事としての力を忘却することなのである[22]。そして注目すべきことに、その忘却を引き起こす強大な力として、リオタールは「資本主義」を挙げている。

（16）D 9（一頁）。
（17）D 24（二四頁）。
（18）D 18-19（一五頁）。
（19）D 30（三一頁）。
（20）D 103（一三七頁）。
（21）D 102（一三七頁）。

文の体制間の、あるいは言説のジャンル間の抗争は、資本主義の法廷［le tribunal du capitalisme］によって無視しうるものと判定される。ひとつの文とほかの文とを必然的なしかたで連鎖する様式をそなえている経済のジャンルは、出現、出来事、驚異、感情の共有の期待をしりぞける。(23)出現する文にたいして資本の目的性が行使する支配は、じっさい取るに足らぬものではない。それは収益性という目的であり、したがって、生起する文をあらゆる課題のなかの課題と思われるもの、すなわち「［金銭と時間を］稼ぐ」という課題に従属させるものである。(24)

ひとつめの文章からわかるのは、「資本主義の法廷」がいわば「当為」にもとづいて「ある文とほかの文とを必然的なしかたで連鎖する」システムである、とリオタールが考えているということだ。文の体制、あるいは言説のジャンル間でたえず生じているはずの「抗争」は、金銭や時間を「稼ぐ（gagner）」という目的性をそなえた資本主義のもとでは無視される。「抗争」という特異な出来事を抹消する資本主義は、ある文とほかの文とを独断的なしかたで連鎖する専制的なシステムなのだ。リオタールはべつのところで、こうした見地から資本主義を「政治的意味においては全体主義的ではないが、言語的関係においては全体主義的である」と言っている。(25)

さらにもうひとつの文章から読みとれるように、リオタールが危惧するのは、こうした資本主義における目的性が、あたかもいかなる正当化も必要としないかのようにふるまっているという事態である。収益性というわかりやすい目的の追求において、資本主義のシステムは、あらゆる「文」

をそれに従属させ、反対にそれに寄与しない「文」を無視する。そして、げんに（金銭および時間を）「稼ぐ」という結果があるかぎり、そこではいかなる正当化も必要とされないのである。

こうした事態に批判的に関わることができるとしたら、それはいったいいかなる契機においてなのだろうか。リオタールは、「正当性についてのメモランダム」（一九八四）において、この資本主義という秩序が隠蔽している何か――つまり「抗争」――を露呈させるには、「恐怖（terreur）」にうったえるほかないと述べている。

資本主義の現在の地位を、全体主義という視点から考察することはきわめて重要だろう。資本主

（22）　リオタールがハーバーマスの「討議倫理」を批判するのは、まさしくこうした問題意識にもとづいている。リオタールは『ポストモダンの条件』や『こどもたちに語るポストモダン』などにおいてたびたびハーバーマスにふれているが、ここではその点には深く立ち入らない。両者の議論（のすれ違い）を追跡した文献は多数におよぶが、たとえば次を参照のこと。Manfred Frank, *Die Grenzen der Verständigung. Ein Geistergespräch zwischen Lyotard und Habermas*, Frankfurt am Main, Suhrkamp, 1988（マンフレート・フランク『ハーバーマスとリオタール――理解の臨界』岩崎稔訳、三元社、一九九〇年）; Mark Poster, "Postmodernity and the Politics of Multiculturalism: The Lyotard - Habermas Debate over Social Theory," *Modern Fiction Studies*, vol. 38, no. 3, 1992, pp. 565-580; Richard Rorty, "Habermas and Lyotard on Post-modernity," *Praxis International*, vol. 4, 1984, pp. 32-44（リチャード・ローティ「ポストモダンについて――ハーバーマスとリオタール」冨田恭彦訳、『思想』第七四四号、岩波書店、一九八六年、一二六－一四三頁）; Stephen Watson, "Jürgen Habermas and Jean-François Lyotard: Post-modernism and Crisis of Rationality," *Philosophy and Social Criticism*, vol. 10, no. 2, 1984, pp. 1-24.

（23）　D 255（三六五－三六六頁）。

（24）　D 201（二八七頁）。

（25）　PE 93（九七頁）。

義は共和制には満足するが、恐怖政治《テロル》には耐えられない（それは市場を破壊してしまう）。資本主義は、専制とはうまくやっていける（それはナチズムの場合に見たことだ）。人類の富裕化という自由主義の物語を含んだ、普遍主義的な大きな物語の衰退は、資本主義をいささかも動揺させない。まるで資本主義は正当化を必要とせず、義務という言葉の厳密な意味において何も命令せず、その結果として資本は、命令を規範化する審級を提示する必要すらないかのようなのである。(26)

ここでは、資本主義の全体性にたいする懸念が表明されると同時に、それが「恐怖政治《テロル》には耐えられない」という奇妙な一文が添えられている。ここで言われる「恐怖（政治）」とは、いったい何のことなのか。『文の抗争』では、資本主義によって押しつぶされてしまう「抗争」を証言することは、文学、哲学、政治の課題であるとされていた。現代における文学の課題が、政治や哲学とともに「抗争」を証言することにあるのだとすれば、それは政治的、倫理的な営為からいささかも独立したものではありえず、むしろ本来的に政治的、倫理的な役目を与えられていることになるだろう。

そしてもちろん、そこには芸術も含まれる。すでにわれわれは、「言説の空間」において抑圧されているものを表現する「造形の空間」に、リオタールが政治的な批判機能を見いだしていたことを前節において論じた。(27) さらに、そこから第一章の議論を想起するならば、資本主義的なリアリズムによって隠蔽されている「呈示不可能なもの」を――否定的に――呈示することこそが、前衛による崇高な芸術実践であるとされていたことにも考えがおよぶだろう。これらすべてを結びつけるならば、文学や芸術は「恐怖」を行使することによってのみ、資本主義のヘゲモニーに批判的に関わりうる、というリオタールの立場を読みとることができる。ちなみにこの「恐怖」とは、それがエドマンド・バークの崇高論で用いられていることもあってか、リオタールが好んで用いる言葉のひとつである。

ただし念のために注意をうながしておけば、この「恐怖」という言葉を、安易に暴力や恐怖政治と結びつけるべきではない。いくぶん微妙なニュアンスをともなったこの概念を、リオタールは八〇年代後半になってようやく明確に規定する。

たとえば『ポストモダンの寓話集』——以後『寓話集』とも表記する——に収められている「恐怖は秘められて」(一九九三)では、次のように言われる。「エクリチュール(écriture)」は恐怖をともなわねばならない。それは習得された雄弁、ないし自然に出てくる雄弁を黙らせねばならない。ここでリオタールは、ありきたりの表現や言い回しに沈黙を課す行為を総称して「エクリチュール」と呼んでいる。[28] 原義としては「文体」や「書かれたもの」を意味する「エクリチュール」が、

(26) PE 94(九七-九八頁)。
(27) なお、ここでは詳しく展開する余裕がないが、「言説」と「形象」のこうした絡み合いは、リオタールの博士論文である『言説、形象』において、すでに十全なしかたで論じられている。
(28) リオタールは一九七〇年代より「エクリチュール」という術語を用いているが、この時期の「エクリチュール」と、ここでわれわれが論じている「エクリチュール」が、まったく異なった意味で使われているという点には注意が必要である。たとえば『漂流』において、「エクリチュール」は「反復」や「再生産」をもたらす文学や芸術の「流派」であるとして、しばしば否定的に評価されている。また、のちに崇高論の文脈において頻繁に登場する「前衛」にも、この時期のリオタールはしばしば批判的にコメントしている。*Cf.* DMF 234(二六九頁);236(二七二頁)。

なぜ恐怖をともなわねばならないのか。このフランス語の「エクリチュール」という言葉じたい、いまや多くのコノテーションを含んでしまっている概念だが、ここでバルトやデリダを引きながら、その内実を詳しく見るにはおよばない。ただ肝心なのは、ここで「恐怖」と呼ばれるものが、みずからが抵抗する「システムの」恐怖に抗するかぎりでの恐怖であり、現実の暴力をともなうものではいささかもないということである。単純化をおそれずに言えば、それはよどみないコミュニケーションに穴を穿つような類いの「恐怖」にほかならない。したがってこの言葉が、たんに「相互理解の不可能性」や「ディスコミュニケーション」を標榜するものではないという点には注意が必要である。

また、リオタールは同じテクストにおいて、「ヌーヴォー・フィロゾフ」や「実証主義的社会学者」――そして視覚芸術においては「トランスアヴァングァルディア」――といった、「世論やメディアの好意を容易に得ることができる」ものたちを批判的に紹介している。これを実証主義にたいするアレルギー的な反発として切り捨ててしまうのはたやすいが、それはもちろん早計にすぎるだろう。というのもその目的は、「対話の機会を等しく与えられたもの」どうしの通常のコミュニケーション、すなわち「係争」を批判することにはないからだ。ここでリオタールが救い出そうとしているのは明らかに、そうした対話の機会をあらかじめ奪われた、声を持たないものたちである。

こうした問題意識が、さきほどの『文の抗争』とひと続きであることは明らかだ。つまり、ある専制的なシステムの背後では、通常の理解可能性に還元できない「雑音（bruit）」がいたるところで抹消されている。そうしたシステムは、みずからのうちに回収することが不可能な雑音を沈黙させるのであり、そうした沈黙を課するかぎりで、このシステムはそうした雑音にたいして暗に「恐怖」を行使している。[29] しかも、雑音に沈黙を課すそうしたシステムは、「敵を非合法化することを目的とするのではなく、規則にもとづいてシステムへと統合するような交渉を敵に強いる」[30]。それゆえ、そこで行使された恐怖や、抹消された雑音は、ほとんどの場合、気づかれることのないまま全体へと統合される。ここでリオタールは、まさしくこうした少数者たちが統合に抗うための方法について考えている。あくまでも全体を標榜するシステムが、雑音を聞こえないものへと変えてみずからのうちに取り込んでしまう以上、そこで一般的な抵抗の論理、すなわち「係争」は通用しない。むしろその抵抗は、資本主義のシステムが行使する「恐怖」を積極的に用いるという方法によってのみ遂行されることになるだろう。システムが雑音を沈黙へと帰し、それを透明なコミュニケーションへとたえず変換していくのだとしたら、雑音は反対にその透明なコミュニケーションに――たとえわずかな瞬間であろうとも――沈黙を強いるという「恐怖」を行使することで、みずからの存在を示すほかない。リオタールはしばしば「不透明性（opacité）」という言葉を用いながら、そのことを論じている。

わたしは次のように言っておきたい。すなわち、思想家としてのわれわれの役目は、言語の現状

（29） MP 172（二四〇頁）。
（30） MP 172（二四〇頁）。

を深く掘り下げ、情報の平板な理念を批判し、言語それ自体の内部に潜む、防ぎようのない不透明性を暴き出すことなのである。(31)

ここでリオタールはけっして——歴史家ピエール・ノラによって批判されたような——なんらかの「無秩序」を標榜しているわけではない。(32)「わたしが語っているような極端な状態に達するには、ただそれを曖昧にすればいいということではないし、ひとが作品にたいして持ちかける問いに、恐ろしい沈黙をもって応じるということでもない」(33)。リオタールにおける「エクリチュール」とは、沈黙を強いるシステムにたえず亀裂を穿ち、みずからの存在を確保しようとする試みにほかならない。さらにここで、芸術家の活動がそこに含まれることの裏づけも行なっておこう。

文学、芸術、思想が死んでいないとしたら、それは、そうした営みが無関係なものとの関係をヒステリックに培っているからである。ボードレールがそれをヒステリーと言ったのは、この関係が書き記されねばならないからである。それがエクリチュールというものだ。(34)

そしてもちろん、この「エクリチュール」という営みは言語行為に限定されるものではない。「その素材が言語であろうと音響であろうと色彩であろうと」、それは、利便性や有用性に還元されないものを「書き込む（écrire）」行為＝作品全般に敷衍可能である。(35)そして、こうした行為＝作品による抵抗は、やはり「恐怖」なしには不可能である。

作品は、コミュニケーションにかかわるいかなる透明性からも遠く離れたところで生まれた。たしかにそれは、共同体にも多かれ少なかれ接近可能な文化的対象ではあるが、われわれが作品の美と呼び、時代に抗うその落雷のような力のために、利便性や精神性などに還元されはしなかった。このような抵抗と不透明性は、それらを注釈しようとするときですら、それらを受け入れつつ尊重せねばならないようなものである。注釈することとは討議することでも、「そこにおのれをふたたび見いだす」ことでもない。むしろこの残余にかたちを与え、そこに消え入ることを受け入れることである――そして、それもまた恐怖の問題なのだ。[36]

ここには、『知識人の終焉』（一九八四）における次の一節を響き合わせることもできるだろう。

芸術家、作家、哲学者は［……］絵画とは何か、エクリチュールとは何か、思考とは何かという問いに対してのみ、責任を負う。かれらに対して「あなたの作品は、大多数の人々にとって理解

（31） TI 84（九四頁）。
（32） MP 175-176（二四五－二四六頁）。
（33） MP 178（二四八－二四九頁）。
（34） MP 183（二五六頁）。
（35） MP 177（二四七頁）。
（36） MP 177（二四八頁）。

できないものだ」と言ってくるものがいるとしても、その作者である人には、そんな非難を歯牙にもかけない権利があり、その義務がある。かれらの作品の受け手は大衆ではないし、あえて言うなら芸術家、作家などの「共同体」ですらない。実のところ、かれらは自分の受け手がいったい誰であるのか知らないのであって、芸術家、作家などであるというのはつまりそういうこと——砂漠の只中に「メッセージ」を発することなのである。(37)

ここで次のことを指摘しておきたい。リオタールは、雑音に沈黙を課す（すなわち「抗争」を押しつぶす）システムが行使する力と、そのシステムに抵抗するために文学・芸術的実践が行使する力を、同じ「恐怖」という言葉で呼んでいる。もちろん、これはたんなる混同ではない。結論から言えば、リオタールはこの「恐怖」という言葉を、あえて両義的に用いているのだ。つまり「恐怖」とは、システムによって行使される否定的なものであると同時に、それに対抗するために芸術や文学が行使しなければならないものでもある。すなわち「恐怖」は、一方では「共同体の体制から排除されねばならない」が、他方でそれは「奇妙にも、エクリチュールのなかで、その条件として課されねばならない」のだ。(38)

いまこの問題に注意をうながした理由は、リオタールのテクストにおいては、こうした概念の両義的な使用法がきわめて頻繁に登場するからである。議論をやや先取りして言えば、これから第三章、第四章で論じる「非物質的（immatériel）」および「非人間的（inhumain）」という表現など、まさしくその最たるものである。そして——この点をもっとも強調すべきなのだが——「崇高」もまたそうなのだ。

さしあたり、ここではそのことを示唆するにとどめ、より詳しい議論はのちの章に譲りたい。本章ではまだなすべきことが残されている。それは、ここまで見てきた『文の抗争』にもっとも顕著にあらわれている、リオタールの思想の限界を指摘することである。

3 アウシュヴィッツと表象不可能性

ここまでを通して、美学と政治がリオタールの思索において深く結びついているということは、ひととおり明らかにできたように思う。七〇年代の『リビドー経済』、八〇年代の『文の抗争』、そして九〇年代の『ポストモダンの寓話集』などに共通するのは、文学的、芸術的な実践に社会批判的なモティーフを見いだそうとする姿勢である。しかもそれらのモティーフが、作品の内容（政治的メッセージ）によってではなく、あくまでも造形的な変革によって可能になるという立場も、基本的には一貫している。

さらに、ここからは次のように言える――リオタールが「崇高」を定義するさいに用いる「呈示

(37) TI 15（八頁）。
(38) MP 180（二五二頁）。

不可能なものの呈示」とは、たんに、いまだ生み出されたことのない新たな芸術形式を発明すること（＝美学的問題）のみを要求するものではない。同時にそれは、日常の言説において抑圧されているものを暗示すること、資本主義によって隠蔽されている「抗争」を仄めかすこと、さらには一方的な「対話と論証」のルールによって沈黙させられている雑音を解放すること（＝政治的問題）などと深くかかわっている。このリオタールの美学＝政治的な立場に共通しているのは、抗争も雑音も「呈示不可能なもの」と同様、それ自体としては呈示されえないという点である。それらは確固たる実体としては存在せず、ただ「暗示」によってのみその存在が仄めかされるようなものだ。したがって、われわれひとりひとりがそのエージェントである資本主義のうちにあって、なおも回収不可能なもの、通約不可能なものの存在を「暗示」することこそ、リオタールの崇高論の賭金であったと──ひとまずは──言うことができる。しかしながら、リオタールの言う「呈示不可能なもの」とは、厳密な意味であらゆる呈示＝現前を逃れるものでありうるのだろうか。言いかえれば、それは本当に、いかなる意味においてもかたちを与えられない、感性化不可能なものであるのだろうか。

そうではない。リオタールの「呈示不可能なもの」、およびそれに類する諸々の概念は、実のところある批評的《クリティカル》＝致命的な問題を孕んでいる。そのおもな賭けどころは二つ──ひとつにそれは、「呈示不可能なもの」をめぐる概念の不全性にまつわる問題であり、もうひとつは、「呈示不可能なもの」という表現が必然的に呼び寄せてしまう否定神学の問題である。これらの二点を詳らかにするために、以下では（1）ホロコーストにたいしてリオタールがとる理論的立場、および（2）「呈示不可能なもの」がもつ構造的な隘路《あいろ》に、それぞれ批判を加えていくことにしたい。

＊

知られるように、第二次世界大戦中のナチス・ドイツによるユダヤ人大量虐殺――いわゆるホロコースト――をめぐる問題は、これまで歴史的な論争のみならず、哲学的な論争を数多く呼び起こしてきた。とくに、ホロコーストという未曾有の出来事を芸術はいかに表象すべきかという問題は、一九八〇年代から九〇年代にかけて、クロード・ランズマン（一九二五-二〇一八）を中心にしばしば大きな論争に発展した。

ホロコーストをめぐる九時間半のドキュメンタリー映画『ショア』（一九八五）の監督であるランズマンは、いかなる方法にせよ、ホロコーストを「再現」しようとする試みのすべてを厳しく断じる。ランズマンによれば、アウシュヴィッツで起こった出来事はどのような方法においてもけっして表象されてはならず、かつそれは不可能なことでもあるという。

ホロコーストがユニークなのは、何よりも次の点においてである。すなわち、ある絶対的な恐怖が伝達不可能であるかぎりにおいて、それはおのれの周囲に踏み越すことのできない限界を炎の輪のようにつくり出す。この限界を踏み越えようとすることは、もっとも深刻な侵犯行為を犯すことにほかならない。フィクションとは侵犯行為である。表象［représentation］には禁じられたものが存在すると、わたしは心の底から思っている。『シンドラーのリスト』を見ながら、わたしはかつてテレビドラマ『ホロコースト』を見て感じたことを思い出した。侵犯することと、陳腐なものにすること、ここではそれらは同じことなのだ。ハリウッド流のテレビドラマや映画は、ホロコーストのユニークな性格を「陳腐なものにし」、それを廃棄してしまう。ゆえにそれは、侵犯行為を犯しているのである。(39)

むろん、表象の「不可能性」と「禁止」を性急に同一視するこのランズマンの思想が、理論的に問題含みのものであることは否めない。(40)だがその一方で、こうしたランズマンの倫理的立場に賛同する人々が、八〇年代から今日にいたるまで切れ目なく存在することも事実だ。(41)そしてリオタールもまた、こうした立場に強い賛同を示した一人である。たとえば『ハイデガーと「ユダヤ人」』(一九八八)には、さきほどのランズマンの言葉に呼応するかのような、次のような一節が見られる。

「アウシュヴィッツ」をイメージや言葉で表象することは、それを忘れさせるひとつのやりかたである。わたしはここで、出来の悪いメジャー配給の映画やテレビのシリーズ、あるいは出来の悪い小説や「証言記録集」のことだけを考えているのではない。わたしは、正確さによってその重大さを忘れさせないようにもっとも良く工夫しえているもの、そう見なされているものをこそ、まさに念頭においているのだ。そういう作品ですら、忘れられないようにするために表象不可能なままにとどまるべきものを、忘れられたものとして表象してしまう。クロード・ランズマンの

映画『ショア』だけが、おそらくこれだけが例外をなしている。(42)

こうした立場は基本的にランズマンへの追随にほかならないが、「『ショア』神学」とでも言うべきこうした断言に対して、われわれは十分懐疑的であるべきだろう。とりわけもっかの議論にとって注意すべきは、リオタールがホロコーストという具体的な出来事を「表象不可能なままにとどまるべきもの」としている点である。なお、前出の『文の抗争』においても「アウシュヴィッツ」という言葉はたびたび登場しており、それを十全に証言することの不可能性が唱えられていたという

(39) Claude Lanzmann, « Holocauste, la représentation impossible », *Le Monde*, 3 mars 1994（クロード・ランズマン「ホロコースト、不可能な表象」高橋哲哉訳、高橋哲哉・鵜飼哲編『『ショアー』の衝撃』未來社、一九九五年、一二〇頁）。

(40) ランズマンにおける「表象不可能性」の問題を正面から扱った有益な文献としては、ジャック・ランシエールおよびジャン＝リュック・ナンシーによる次の諸論文を参照のこと。Jacques Rancière, « S'il y a de l'irreprésentable », *Le Destin des image*, Paris, La Fabrique, 2003, pp. 123-153（ジャック・ランシエール「表象不可能なものがあるのかどうか」『イメージの運命』堀潤之訳、平凡社、二〇一〇年、一四三－一七九頁）; Jacques Rancière, « Le tournant éthique de l'esthétique et de la politique », *Malaise dans l'esthétique*, Paris, Galilée, 2004, pp. 143-173; Jean-Luc Nancy, « La représentation interdite », *Au fond des images*, Paris, Galilée, 2003, pp. 57-99（ジャン＝リュック・ナンシー「禁じられた表象」『イメージの奥底で』西山達也・大道寺玲央訳、以文社、二〇〇六年、六五－一一五頁）。

(41) さしあたりここでは、ジェラール・ヴァジュマン（Gérard Wajcman, 1949-）をその代表的な人物として挙げる。とりわけ二〇〇一年の「収容所の記憶」展を発端として起こった、ジョルジュ・ディディ＝ユベルマンと、ランズマン、ヴァジュマンらの論争を参照のこと。Clément Chéroux (ed.), *Mémoire des camps. Photographies des camps de concentration et d'extermination nazis, 1933-1999*, Paris, Marval, 2001; Georges Didi-Huberman, *Images malgré tout*, Paris, Minuit, 2003（ジョルジュ・ディディ＝ユベルマン『イメージ、それでもなお』橋本一径訳、平凡社、二〇〇六年）。

(42) HJ 50-51（六七頁）。

事実も、あわせて指摘しておきたい（「地震のために生命や建物や物財ばかりか、直接間接に地震を測定するための器具もまた、破壊されたと仮定せよ」[43]）。つまり、リオタールは終始一貫して、アウシュヴィッツが「証言不可能」ないし「表象不可能」なままにとどまる「べき」ものだと断言しているのだ。

ところで、これら「証言不可能」や「表象不可能」という言葉は、厳密に言っていかなる意味で理解すべきだろうか。この問題について考えるために、もうひとつ見ておきたい一節がある。同じ『ハイデガーと「ユダヤ人」』において、リオタールはホロコーストという出来事をめぐる芸術の使命を次のように要約していた。

芸術はその名状しがたいもの［l'indicible］を語りはしない。芸術はそれを語りえないと言うのである。「アウシュヴィッツ以後」においては、ひとはエリ・ヴィーゼルのために、森で火をともしながらささげる黙祷をめぐるあの忘却の物語に、次のような一節を付け加えなければならない［……］。わたしには火を灯すことはできません、わたしは祈りを知りません、わたしは森のあの場処を見つけることはできません、わたしにはもはや物語を語ることすらできません。わたしにできることといえば、わたしがもはやあの物語を語ることができないということを語ること、ただそれだけなのです。でもそれで十分ではないでしょうか。十分なはずです――というように。[44]

リオタールはここで、いかなる芸術がそれを「語りえない」と言うのかは詳らかにしていないが、すくなくともその「語りえない」ものを語るという使命が芸術に与えられていることは確かである。

げんにリオタールが評価する『ショア』において、アウシュヴィッツでの出来事がフィクショナルな物語として再現されることはない。それはただ、かつてあった施設の跡地や人々の苦悶の表情を通じて、ホロコーストを語りえないものとして「暗示」する。したがって、ここでリオタールが用いる「表象不可能性」とは、現実に起こったアウシュヴィッツでの出来事を〈呈示＝現前〉(présentation) とみなし、それを〈表象＝再現前〉(représentation) することの不可能性――正確には禁止――を訴えるランズマンのそれと、ほとんど重なり合っていると言えるだろう。[45]

ここで、あえてそのような事実を言挙げせざるをえないのは、本書の主題である「崇高」を、リオタールがしばしば「表象不可能なもの」に結びつけているからである。第一章で見たように、リオタールは「呈示不可能なもの」を否定的なしかたで呈示することが芸術や文学の使命であるとする一方で、『ハイデガーと「ユダヤ人」』では「表象不可能なもの」を証言することこそが「芸術の

(43) D 91(一二〇頁)。リオタールはここで、ホロコーストを――反復可能性を欠いた――「一回性の出来事」とみなしている。ホロコーストを反復不可能な根源的外傷とみなすこうした立場の問題は、たとえばそれをデリダが「日付」をめぐって展開する「反復可能性を介した一回性」と比較するとき、すぐれて浮き彫りとなる(東浩紀『存在論的、郵便的――ジャック・デリダについて』新潮社、一九九八年、五〇－六一頁)。

(44) HJ 81-82(一一四－一一五頁)。

(45) ここでの本題からは逸れるため詳細には立ち入らないが、〈呈示＝現前〉(présentation) と〈表象＝再現前〉(représentation) という二つの概念の対立は、哲学史的にみればいくぶん疑わしいものである。とくに後者の接頭辞「re-」を、「再現」ではなく「対立」(ベルクソン) や「強意」(ナンシー) とみなすという提案は、過去一世紀あまりのあいだにしばしばなされてきた。この問題については次の拙論を参照のこと。星野太「表象と再現前化――『哲学辞典』におけるベルクソンの「表象」概念再考」『表象』第三号、月曜社、二〇〇九年、一二二－一三七頁。

使命」だと述べている。ここでは「呈示不可能なもの(l'imprésentable)」と「表象不可能なもの(l'irreprésentable)」がほとんど同一の次元で論じられている。つまり一方でリオタールは、前衛における「崇高」を論じるに際しては、おもにカントの語彙に依拠しながら「呈示不可能なもの」という言葉を用いる。これに対し『ハイデガーと「ユダヤ人」』では、ホロコーストを「表象不可能なもの」と呼びつつ、芸術によるその「暗示」を崇高なものに結びつけているのである。

とはいえ、リオタールが〈呈示＝現前〉と〈表象＝再現前〉という二つの言葉の差異をまったく無視していたとは考えにくい。というのも、次の第三章で見るように、一九八〇年代半ばのバーネット・ニューマン論において、これら二つの概念は明快に隔てられていたからである。それならばなぜ、ホロコーストをめぐる後のテクストにはこうした曖昧さが生じてしまうのだろうか。もちろんその理由はひとつではないだろうが、ここでそのもっとも大きな要因として考えられるのが、『ハイデガーと「ユダヤ人」』におけるフロイトへの準拠である。

第一章で詳しく見たように、「崇高」について論じはじめた八〇年代前半のリオタールは、もっぱらカントの語彙に依拠しながら、「崇高」を「呈示不可能なものの(否定的)呈示」とみなしていた。かたや『ハイデガーと「ユダヤ人」』において、もっぱらホロコーストの問題を扱うリオタールが第一に依拠するのは、カントではなくフロイトである。

原初的に抑圧されたものがあるということは、フロイトによればそれが表象不可能である［il n'est pas représentable］ということを意味する(46)。

リオタールは同書において、(括弧つきの)「ユダヤ人」およびホロコーストという出来事が「表象不可能」であるという議論を、フロイトの語彙にもとづいて行なっている。そして同時に、かつてみずからが「呈示不可能なもの」をめぐって依拠したカントの崇高論を、そこに——大胆にも——結びつけているのだ。そのさいリオタールは、「美学にかんするカントのテクストと、メタ心理学にかんするフロイトのテクストを同時に読みなおすことは無益でないだろう」と述べているが、異なる二つの理論の中核をなす概念——呈示＝現前(Darstellung, présentation)と表象＝再現前(Vorstellung, représentation)——の混同が、「崇高」をめぐる理論的なほころびをリオタールのテクストにもたらしているという事実は否定できない[47]。

4　呈示の臨界——ナンシーの崇高論

ここから、さらに本質的な問題へと議論を進めよう。それは、リオタールがみずからの崇高論の核として導入した「呈示不可能なもの」というカテゴリーの妥当性についてである。こちらは前節

(46)　HJ 34(四〇頁)。
(47)　HJ 17(一五頁)。

で見た〈呈示＝現前〉と〈表象＝再現前〉をめぐる議論よりもさらに核心的な、同概念の構造的なアポリアに関わっている。

リオタールはしばしば「総合」や「弁証法」といった言葉を批判的に言挙げしつつ、異なるものの統合をめざすシステムにたいして否定的にふるまった。しかし現実には、これらのシステムを打破すべく導入された「呈示不可能なもの」や「証言不可能なもの」というカテゴリーは、それ自体がまさしく弁証法的な総合の中核を担ってしまうだろう。ホロコーストをめぐる芸術と記憶を主題として編まれた論集のなかで、ジャック・ランシエールはこの逆説について正しく次のように指摘している。

しかしリオタールの図式は、結局のところ、みずからが行なおうとするのとまったく反対のことをやっている。弁証法的なあらゆる同化吸収に抵抗する、元来〈思考不可能なもの〉について、リオタールは論じる。にもかかわらず、そこではこの〈思考不可能なもの〉それ自体が、完全なる合理化の原理となってしまう。事実この原理によってこそ、ある一民族［＝ユダヤ人］の生命を思考の原初的な決定と同一視することが可能になり、虐殺によって明らかにされた〈思考不可能なもの〉を、西洋的理性を構成する傾向性と同一視することが可能になる。リオタールは無意識の法則に根ざすことで、そしてアウシュヴィッツ以後の芸術の「不可能性」を呈示不可能なものの芸術に変容させることで、アドルノによる理性の弁証法を徹底化する。だがこの改良は、最終的には弁証法の改良である。[48]

リオタールが『ハイデガーと「ユダヤ人」』において行なったように、ホロコーストに象徴される「出来事」の証言を芸術の使命とすることは、ある消去不可能な出来事と、それを暗示する証言との弁証法によって芸術の歩みを進めようとする——ヘーゲル的な——「精神」の一形態へとみずからを転じることにほかならない(49)。そうなれば結局のところ、それは「呈示不可能なもの」ないし「表象不可能なもの」を否定的に呈示するというしかたで、これらを呈示の内部に再回収してしまう。「崇高」であれ何であれ、こうした構造に支えられた論理は、みずからが背をむける「総合」や「弁証法」の外に出ることはけっしてないだろう(50)。

たったいま指摘した問題は、前節で見たような理論的な瑕疵というより、「呈示不可能なもの」というカテゴリーのうちに、そもそも含まれていると考えるべきである。「呈示不可能なもの」——

（48） Jacques Rancière, « S'il y a de l'irreprésentable », *Le Destin des image*, *op. cit.*, pp. 149-150（ジャック・ランシエール「表象不可能なものがあるのかどうか」『イメージの運命』前掲書、一七三－一七四頁）。この論文は、二〇〇一年にジャン＝リュック・ナンシーが編集した『人類』の特集号に掲載された（Jacques Rancière, « S'il y a de l'irreprésentable », in Jean-Luc Nancy (ed.), *Le Genre humain*, no. 36, « L'Art et la Mémoire des Camps. Représenter exterminer », Paris, Seuil, 2001, pp. 81-102）。ここでは、のちに加筆修正が施された単行本所収の論文に依拠した（両者にはすくなからぬ異同がある）。

（49） HJ 45（五八頁）。

（50） このような「呈示不可能なもの」の弁証法にもとづくリオタールの崇高論は、「崇高の否定性の美学」（宮﨑裕助『判断と崇高——カント美学のポリティクス』知泉書館、二〇〇九年、一六六頁）というひとつの「美的イデオロギー」を構成してしまっている——おそらくそのように言うことも可能である。

かりにそのようなものがあるとして――をそれとして名指すことは、その呈示不可能であるはずの対象をあるカテゴリーのもとに包摂することにほかならない。すくなくとも、それに「呈示不可能なもの」という名前を与えた瞬間に、それはひとつの表象を獲得してしまっているだろう。「抗争」や「雑音」というカテゴリーについても、やはり同じことが言える。かりにそれらが本当に「暗示」によってしか存在を仄めかされないのだとしたら、そもそも「抗争」や「雑音」というカテゴリーによってそれを指し示すことすら不可能であるはずだ。つまりリオタールは、「抗争」およびそれに連なる諸々のカテゴリーを用いることで、通約不可能であるはずの対象をみずから通約可能なものへと転じてしまっている。普遍言語によっては通約しえないものを指し示すべく「抗争」という概念を採用したリオタール本人が、最終的には普遍言語に依拠してしまっている、とするマンフレート・フランクの指摘は、このかぎりにおいて正当なものである。[51]

殺された主体は、ただ沈黙するだけである。リオタールが、人間の尊厳の名のもとに、存在すべき人々のための証人になるとしよう。そうなれば、かれの言説は皮肉にも、殺された主体の沈黙を、現実に妥当している規範と同じ序列へと高めることになる。リオタールはこの帰結から逃れられない。かれが、主観性や相互主観性をめぐる言説の息の根を止め、これを笑いものとすることにいかに多くの精力を費やしているかを見ると異様な感じがする。その場合でも、かれがおのれの発話にたいして妥当性を想定していることは言うまでもない。しかしこれをみとめることは、かれの発話の前提と両立しないのだ。[52]

これは基本的に『文の抗争』にたいするコメントだが、同じことは「呈示不可能なもの」という概念にも当てはまる。「呈示不可能性」と言おうと「表象不可能性」と言おうと、なんらかの不可能性に依拠する言説が、みな一様に同じようなアポリアに行き着いてしまうことは、ここであらためて強調するまでもないだろう。リオタールの崇高論が「呈示不可能なもの」の（否定的）呈示にとらわれているかぎり、これらの批判を回避することは——構造的に——不可能である。

かたや、「崇高」の概念に含まれる批判的射程をリオタールと分かち持ち、かつそれが弁証法に回収されないような方向性をもっとも適切に示しえたのは、おそらくジャン＝リュック・ナンシーの「崇高な捧げもの」（一九八四）だろう。ナンシーは、「呈示不可能な」彼岸と「呈示可能な」此岸という対立が「あまりにもロマン主義的、弁証法的」な総合に陥ってしまう危険に警鐘を鳴らしたうえで、「崇高の思考」と「弁証法の思考」を次のように隔てている。

ここ、限界において起こること——それが限界を通り抜けることはけっしてない——、それは統合であり、構想力であり、呈示である。それは同質のものの産出（これがおもに図式の通常業務をな

（51） Manfred Frank, *Die Grenzen der Verständigung. Ein Geistergespräch zwschen Lyotard und Habermas*, Frankfurt am Main, Suhrkamp, 1988, S. 77-79（マンフレート・フランク『ハーバーマスとリオタール——理解の臨界』岩崎稔訳、三元社、一九九〇年、一〇六－一〇九頁）。

（52） *Ibid.*, pp. 102-103（一四三頁）。

す）ではなく、美がそこにあるとされる、おのれを認めるたんなる自由な一致でもない。それは、こうした一致の手前にある。かといってそれは、異質なものの統合でもない。そうした考えは、ここで問題となる厳密な限界を言うにはあまりにロマン主義的であり、あまりに弁証法的である。崇高において達せられる統合とは、絶対的な大きさと限られた限界とを対にして組み合わせることにあるのではない。というのも限界の外には何もなく、呈示可能なものも呈示不可能なものもないからである。まさにこの「限界の外には何もない」という肯定こそが、崇高（そして芸術）の思考と弁証法（そして芸術の完結）の思考とを本来的に、絶対的に区別するのである。[53]

限界の外には何もなく、呈示可能なものも呈示不可能なものもない――ここには、弁証法のメカニズムを回避するための、言うなれば「臨界の論理」のようなものが示されている。ここでナンシーは、「文字通りに受け取り、論理的に見るならば、諸理念が表出されることはない（können Ideen nicht dargestellt werden）」というカントの記述に忠実になることで、構想力の限界内にある有限の存在者と、その外部にある絶対的なものを対比する思想から手を切ることを試みる。[54] そこではリオタールが直接に難じられているわけではないものの、ひろく「形象化不可能なもの」を確保しようとする言説一般から袂を分かつさいに、ナンシーは正当にも次のように述べている――「一般にこうしたものが、わたしが思うには、何かを「形象化不可能なもの」とか「呈示不可能なもの」と名づけてしまったとたんに導かれる概念である。つまりひとは、その呈示不可能性を（再）呈示し、結局はそれを、否定的なものを通して、呈示可能なものの秩序に従わせてしまうのである」[55]。これは、ここまで見てきたようなリオタールの立論にたいする決定的な一撃であるだろう。

＊

かつてランシエールが詳らかにしたように、リオタールの崇高論の中心にあった「呈示不可能なもの」という概念は、あらゆる弁証法から手を切るどころか、反対にそれを誇張的に補強する危険性を秘めていた。言うなれば、批評理論における「否定神学」問題のヴァリエーションであるその理路は、最終的にみずからが批判する弁証法の「穴」を埋めることをまぬがれない。よってナンシーが述べるように、リオタールの「呈示不可能なもの」という概念は、結局のところそれを「否定的なものを通して呈示可能なものの秩序に従わせてしまう」という指摘にさらされることになる。

だが、議論はここで終わるわけではない。本章ではここまで、リオタールの崇高論が陥らざるをえない構造的な隘路について論じてきた。ただしそれは、リオタールの崇高論が「呈示不可能なも

（53） Jean-Luc Nancy, « L'Offrande sublime », in Michel Deguy et al., *Du Sublime*, Paris, Belin, 1988, p. 59（ジャン＝リュック・ナンシー「崇高な捧げもの」、ミッシェル・ドゥギーほか『崇高とは何か』梅木達郎訳、法政大学出版局、一九九九年、七八－七九頁）。のちにこの論文は次の単行本に再録されている。Jean-Luc Nancy, *Une pensée finie*, Paris, Galilée, 1990（ジャン＝リュック・ナンシー『限りある思考』合田正人訳、法政大学出版局、二〇一一年）。

（54） Immanuel Kant, *Kritik der Urteilskraft*, Hamburg, Felix Meiner, 2006, V268（イマヌエル・カント『判断力批判』熊野純彦訳、作品社、二〇一五年、二一六頁）。

（55） Jean-Luc Nancy, « L'Offrande sublime », in Michel Deguy et al., *Du Sublime*, *op. cit.*, p. 59（ジャン＝リュック・ナンシー「崇高な捧げもの」、ミッシェル・ドゥギーほか『崇高とは何か』前掲書、七七頁）。

の」という概念に依拠するかぎりにおいてのことである。つまりこういうことだ——リオタールには、実のところもうひとつの崇高論が存在するのであり、そこでは「呈示不可能なもの」の否定的呈示とは異なる、もうひとつの理路が見いだされる。それを明らかにすることが、次章の中心的な課題となるだろう。

　とはいえリオタールその人が、これらを異なる「二つの崇高論」として論じ分けているのではない。したがって、われわれが次章において行なうのは、リオタールによって同じ「崇高」という名で呼ばれているものから、これまでとはべつのセリーを探り当てることである。あらかじめその概略のみを述べておけば、それは「呈示（présentation）」の衝撃によってわれわれの構想力を宙吊りにするような、「崇高な出現」にもとづいている。つまり、そこでは崇高な感情の出来《しゅったい》する契機が、「暗示」にではなく「出現」そのものに見いだされているのだ。この問題に目をむけるために、第三章ではリオタールが一九八〇年代中葉に発表した、二つのバーネット・ニューマン論から議論を始めることにしよう。

第三章

呈示＝現前とショックの美学

1　呈示そのもの

第二章の後半で明らかにした限界をふまえたうえで、本章では「呈示不可能なものの呈示」とは異なる崇高論を、リオタールのテクストから内在的に読みとっていくことにする。そこで、まずは本章への導入のために、リオタールが画家バーネット・ニューマンについて著した二つの論文――「崇高と前衛」（一九八三／八五）および「瞬間、ニューマン」（一九八四／八五）――に注目したい[1]。これらはリオタールの崇高論のなかでもつとに知られたものだが、にもかかわらず、そこに「呈示不可能なものの呈示」とはまったく異なる論理が読み取れることはしばしば見過ごされてきた。なかでも注視すべきは、これらのテクストでは、エドマンド・バークの崇高論がカントのそれに劣らず重視されているという事実である。

そもそも、前章で明らかにしたような「呈示不可能なもの」のアポリアは、カントの崇高論における「理性理念の否定的表出」というモデルから導き出されたものだった。つまり「呈示不可能なもの」をめぐる理論が一種の否定神学に陥らざるをえないのは、それがカントの理性理念と同じく、それそのものとしては呈示しえないが、しかしそのことによって否定的に呈示されるという「暗示」の構造にもとづいているからである。これに対して、バークを読みすすめながらニューマンの作品を論じるリオタールは、カントに依拠する場合とは本質的にまったく異なる議論を提示している。リオタールは、カントの崇高論に欠けている要素として「時間の問題」を挙げたうえで、この問題はカントではなく、むしろバークの『崇高と美の観念の起源』に見いだされるというのだ。

以上の見通しを跡づけるために、まずはカントの「数学的崇高」にかんする記述を一瞥しておこう。『判断力批判』第二六節には次のようにある。

> ある量を直観的に構想力のうちに取り入れ、それを尺度として用いるには、つまりそれを数による大きさの評価のための単位として使用するには、この能力〔＝構想力〕の二つのはたらきが必要である。把捉（*apprehensio*）と総括（*comprehensio aesthetica*）がそれである。把捉についてはいかなる困難もない。把捉については、この能力は無限に進むことができるからだ。いっぽう総括をめぐっては、把捉が進むにつれて次第に困難となり、やがてそれは極大量に達する。この極大量が、大きさを評価するさいの、感性的に最大の基本尺度なのである。たとえば把捉がそこまで達して、はじめに把握された感官直観の部分表象が、構想力のうちで消滅しはじめたとしよう。たとえそのような場合でも、同時に構想力がさらに多くの部分表象の把捉へと進んでいけば、構想力は後者において獲得するのと同じだけのものを、前者において喪失することになる。かくして、

（1）「崇高と前衛」および「瞬間、ニューマン」の初出はともに一九八五年だが、前者は八三年にベルリン芸術大学で読み上げられた原稿、後者は八四年にブリュッセルのパレ・デ・ボザールで開催された展覧会への寄稿に基づいている。

総括のうちには最大の大きさが存在することになり、構想力はそれを超えてさらに先へと進むことはできなくなるのである。(2)

カントは、なんらかの対象を量として把握するさいに、ある一定の範囲を視野におさめる「把捉(Auffassung, *apprehensio*)」と、その諸部分を全体として包摂する「総括(Zusammenfassung, *comprehensio aesthetica*)」という二つの能力がはたらくと考えている。「無限に進む」ことができる前者の「把捉」には限界がないが、後者の「総括」には一定の限界がある。そして、あらゆる表出にとって「ほとんど大きすぎる」「巨大な」対象を目にし、その「総括」が不可能になるとき、われわれの心のうちに生じるのが「数学的崇高」である。

具体的に、カントが論じているピラミッドに即して考えてみよう。ピラミッドを見るとき、人は一定の距離から、その全体を一望のもとに捉えようとする(=「総括」)。だがその一方で、ピラミッドは遠目に見るかぎり、たんなる土こけた四角錐にすぎない。われわれがピラミッドの真の姿を把握するには、その部分を構成するひとつひとつの巨石をつぶさに見ることが不可欠である(=「把捉」の連続)。われわれの目は身体移動によってあるていど自由になるので、カントが言うように「把捉」そのものには限界がない。だが、そうした「把捉」の連続によってピラミッドの全貌をすべて漏らさず把握しようとしても、それは無理な相談である。巨石Aから巨石B、巨石Bから巨石C、巨石Cから巨石D……と目を転じていくと、はじめのほうに見た巨石のディテールは、どうしても記憶から失われていくからだ。これが、カントが言うところの「総括」の限界である。ようするにカントが「数学的崇高」とよぶのは、巨石のような部分的な表象を、ピラミッドという全体にまとめあげる（感性的）能力が限界に達するという事態である。(3)

リオタールは、のちに講義録として発表された『崇高の分析論』（一九九一）のなかで、カントの「数学的崇高」について次のような興味深いコメントを残している。

この分析は空間的な観点からなされているが、これを時間の形式に移しかえることは容易にできそうであるし、それは興味深いことでもある。［……］このアポリアを時間に移しかえた場合、それは所与を「一瞬のうちに（*in einem Augenblick*）」包含し、総合することの不可能性を意味することになる。(4)

ここでリオタールは、空間的な観点から論じられているカントの「数学的崇高」を、時間的な問題へと移しかえる可能性を示唆している。「一瞬のうちに」という表現はカントの『純粋理性批判』

（2）Immanuel Kant, *Kritik der Urteilskraft* (1790), Hamburg, Felix Meiner, 2006, V251-252（イマヌエル・カント『判断力批判』熊野純彦訳、作品社、二〇一五年、一九〇―一九一頁）。

（3）*Ibid.*, V253（同前、一九二―一九三頁）。なお、『判断力批判』におけるこれらの表現――「巨大な（kolossalisch）」および「あらゆる表出にとってほとんど大きすぎる（der für alle Darstellung beinahe zu gross ist）」――については次を参照のこと。Jacques Derrida, « Le Parergon », *La Vérité en peinture*, Paris, Flammarion, 1978, pp. 44-94（ジャック・デリダ「パレルゴン」『絵画における真理』高橋允昭・阿部宏慈訳、法政大学出版局、一九九七年、上巻二五―一三六頁）。

（4）LAS 37（三六頁）。

からとられたものだが、リオタールによれば、こうした「時間」の問題は「すくなくとも明示的には、この分野［＝崇高の分析論］にかんするカントの問題系には属していない」[5]。ひるがえって「瞬間、ニューマン」におけるリオタールは、むしろバークの崇高論に積極的に依拠しながら、「時間」そして「出現」についての思想を開陳していくのである。つまりリオタールの崇高論は、一方ですでに指摘したような「呈示不可能なものの呈示」という否定神学的なモデル（カント）のもとに打ち立てられているのだが、これから明らかにするように、他方でそれは「出来事」をめぐる時間論（バーク）としての様相を呈している。

ところで、前掲の二つのテクストにたびたび登場する「出来事」という語彙からは、おそらくハイデガーのことが連想されるだろう。ここでは簡単にふれるにとどめるが、リオタールは「ある意味で崇高なものについての問題は、ハイデガーが存在の退去、贈与の退去と呼んでいるものと緊密に結びついている」と明言している[6]。

> 到来するもの、それが意味するものにかかわる意味や現実性についての問題が重要なのではない。それが何であるか、それが何を意味するかを問いかける前に、つまり何か［*quid*《クイド》］の前に、「最初に」いわば「到来する」こと、つまりこと［*quod*《クオド》］が必要なのだ。［……］出来事、出現、すなわちマルティン・ハイデガーが生起《エアアイグニス》と呼んだものは限りなく単純だが、しかしこの単純さに近づきうるのは、ただ欠乏状態においてのみである[7]。

こうした「生起」の問題もまた「崇高」にかかわるものでありながら、その内実は、ここまで見てきたような（否定）弁証法的モデルとはまったく異なっている。[8] そしてこのような問題関心は、『芸術と時間――四次元へのまなざし』という展覧会カタログに寄せられた「瞬間、ニューマン」にもっとも顕著にあらわれている。[9] このテクストはまず、ニューマンの絵画を特権的なものとみなし、それをほかのあらゆる抽象絵画から隔てることにより始まる。

「前衛」の作品全体のなか、とりわけアメリカの「抽象表現主義」の作品全体のなかでニューマンの作品が際立っているのは、作品が時間の問題に取りつかれているからではない。そうした強

（5） I 110（一三三頁）。ただし、このリオタールの無根拠な断言には疑問が残る。というのもカントはその直後の第二七節において、この「総括」のはたらきを時間と結びつけて説明しているからである。Immanuel Kant, *Kritik der Urteilskraft, op. cit.*, V258-259（イマヌエル・カント『判断力批判』前掲書、二〇一―二〇二頁）。

（6） I 124（一五二頁）。

（7） I 102（一二二―一二三頁）。なお「崇高とは呈示があるということの呈示」であるとするフィリップ・ラクー＝ラバルトは、ハイデガーの「美」についての議論のなかに、むしろ「崇高」のモティーフを読みとっている。Philippe Lacoue-Labarthe, « La Vérité sublime », in Michel Deguy et al., *Du sublime*, Paris, Belin, 1988, pp. 97-147（フィリップ・ラクー＝ラバルト「崇高なる真理」、ミッシェル・ドゥギーほか『崇高とは何か』梅木達郎訳、法政大学出版局、一九九九年、一三七―二一七頁）。

（8） 本章が問題としているような、「崇高」にかかわるリオタールの議論の曖昧さについては次を参照のこと。藤本一勇「崇高と美の交雑共同体」、仲正昌樹編『美のポリティクス』御茶ノ水書房、二〇〇三年、二一一―二五四頁。

（9） Michel Boudson (ed.), *L'Art et le temps. Regards sur la quatrième dimension*, Paris, Albin Michel, 1984. 本論文を収めた『非人間的なもの』にある『時間――四次元へのまなざし（*Le Temps. Regards sur la quatrième dimension*）』というタイトルは誤りである（I 89：一〇五頁）。

迫観念は、多くの画家たちに共有されているものだ。ニューマンの作品を際立たせているのは、それが時間の問題に予想外の答え、つまり時間とはタブローそれ自体であるという答えを与えていることである(10)。

時間がタブローそれ自体であるとはどういうことか。この、いっけん奇妙な命題に説明を与えるために、次いでリオタールはデュシャンの作品を引き合いに出している。それによれば、デュシャンの《大ガラス》と《与えられたとせよ》は、それぞれ「視線の時間錯誤」を表象する二つの方法であり、それによってこれらは、十全なしかたで出来することのない「他なるもの」、デュシャンの言葉でいえば出現の「類同物《アナロゴン》」となる。「デュシャンの大作で造形的に問題とされているのは、視線（および精神）の裏をかくこと」である(11)――こうした文言はいささか単純すぎるきらいもあるが、これらはデュシャンの両作品に共通する視覚的要素を端的に言いあてたものだと言えるだろう。というのも、げんにこれらの作品は、その作品を見るわれわれの視線にたいして、明らかに通常の絵画とは異なるはたらきかけをしているからだ。前者の《大ガラス》であれば、それはガラスという支持体によって遠近法をなかば宙吊りにし、後者の《与えられたとせよ》であれば、小さな覗き穴から見られる女性の肢体によって、見るものを強制的な窃視状態におくだろう。いずれにしても、そこで鑑賞者の視線は、通常の絵画を見るときのような「自由な」ものであるとは言いがたい。デュシャンの作品においては、こうした視線のコントロールがさまざまなしかたで行なわれている。

それに対して、「ニューマンは呈示しえない告知を表象する［représenter］のではなく、その告知によってみずからを呈示する［présenter］がままにする」[12]。ここでリオタールは、見るものの「裏をかく」というデュシャンの戦略に対して、ニューマンのタブローにおける、このうえなく明瞭な出現――それはもはや「呈示不可能なもの」ではない――を強調する。そして「瞬間、ニューマン」においては、この「出現（occurrence）」こそが崇高と呼ばれるのである。

崇高とは〈そこにある〉という感情である。それゆえ、そこに「消費する」べきものはほとんどない。あるいはただ、〈いわく言いがたいもの〉だけがある。ひとが消費するのは出現ではなく、ただその意味にすぎない。瞬間を感覚するとは瞬間的なことなのである[13]。

ニューマンの絵画は「呈示不可能なものを呈示」してはいない。むしろそれは、みずからを呈示する「出現」そのものである。このような転回にともない、「崇高」が出来する契機もまた〈否定的呈示〉（＝そこにない）から〈呈示そのもの〉（＝そこにある）へと大きく転じていると言えるだろう。

（10）I 89（一〇五－一〇六頁）。
（11）I 90（一〇七頁）。
（12）I 90（一〇七頁）。
（13）I 91（一〇八頁）。なお、ここに見られる「いわく言いがたいもの（je ne sais quoi）」とは、一七世紀から一八世紀のフランスで頻繁に用いられた「崇高」の類似表現である。リオタールはこの事実を明らかにふまえており、のちの『インファンス読解』（一九九一）でも、やはりこの事実への目配せを行なっている。LE 20（二三頁）; *Cf.* Théodore A. Litman, *Le Sublime en France (1660-1714)*, Paris, Nizet, 1971; Michel Delon, *L'Idée d'énergie au tournant des Lumières (1770-1820)*, Paris, PUF, 1988.

だが、みずからを呈示する出現とは、たんなる表象といかなる意味において異なるのだろうか。リオタールにしたがえば、われわれは、「表象（représentation）」にするのと同じようなしかたで「呈示（présentation）」に相対することはできない。何ものかの〈表象＝再現前〉とは異なる端的な〈呈示＝現前〉は、意味の消費に還元されることはないのである。

さきほどの一節では、「崇高」はそこにあるものを「瞬間的に」感覚することであると言われていた。すなわち、消費に回収されず、そこから意味を引き出すことのできない出現においてこそ、われわれは「崇高な」瞬間を感覚するというのだ。

それでは「瞬間を感覚する」とはどういうことか。カントによれば、構想力のもっとも基本的なはたらきとは、〈過去－現在－未来〉という時間の流れを継起的に総合することであった。しかし端的な〈呈示＝現前〉は、この時間の継起性を宙吊りにする。つまり、われわれが〈呈示＝現前〉にふれるまさにそのとき、継起的な時間の総合を行なっていた構想力は「一瞬」宙吊りにされ、そのかわりに「喪失」への恐怖が立ちあがってくる、というのだ。リオタールは、ここでカントからいったん離れ、不安が引き起こす恐怖の念をすぐれて崇高なものとする、バークの『崇高と美の観念の起源』へと視線をむける。というのも同書においてバークは、「恐怖」ならびに「崇高」について次のように書いていているからだ。

心から、いっさいの行動ならびに推論能力をもっとも効果的に奪うものは不安である。というのも不安は、苦もしくは死の先取りであるがゆえに、それは現実の苦と同じようなしかたで作用をおよぼすからである。それゆえ、視覚のうえで恐怖をそそるものは、この恐怖の原因が容積の大きさによって生み出されるか否かを問わず、かならずや同時に崇高でもある。[14]

もちろんニューマンの絵画は、それ自体としては恐怖を喚起するような表象を含んではいない。だがリオタールは、ニューマンの絵画における端的な出現が、喪失への恐怖、つまり「（出来事が）本当に起こるのか」という不安を引き起こすものであるとし、「恐怖」と「崇高」を結びつけるバークの議論を参照しながら、ニューマンの絵画を論じようとする。[15] ところでバークは、「苦または危険の除去にともなう感情を表現するために」、積極的な「快（pleasure）」とは異なる語彙として、それを「悦び（delight）」と呼ぶことを提案していた。[16] つまりバーク、およびそれに依拠するリオタールにとって、崇高とはたんなる「快」ではなく、一種の安堵にも似た「悦び」を引き起こすものなのである――「この悦びを引き起こすものすべてを、わたしは崇高と名づける[17]」。

以上のように、構想力の担う第一のはたらきを「時間の継起」に見いだすリオタールは、ここで

（14） Edmund Burke, *A Philosophical Enquiry into the Origin of our Ideas of the Sublime and Beautiful* (1757/59), London, University of Notre Dame Press, 1968, p. 57（エドマンド・バーク『崇高と美の観念の起原』中野好之訳、みすず書房、一九九九年、六三頁、傍点省略）。

（15） なお、バークの『崇高と美の観念の起源』には「曖昧さ」が喚起する崇高について論じた一節もあるが、リオタールはこの観点から抽象絵画一般およびニューマンの絵画を論じることはない。*Ibid.*, p. 58（同前、六四頁）。

（16） *Ibid.*, pp. 36-37（同前、四〇頁）。

（17） *Ibid.*, p. 51（同前、五七頁）。

「呈示不可能なもの」という概念を持ち出すことなく、むしろ「呈示不可能なもの」とは対極にある「出現」ないし「呈示そのもの」によって、構想力を宙吊りにする契機について論じている。そのとき「崇高」の美学は、「呈示不可能なもの」を梃子として弁証法の内部に組み込まれてしまうのではなく——リオタールの表現を用いれば——「衝撃の美学［esthétique du choc］と言えるであろうものに、すなわちボードレールを読みすすめるベンヤミンや、後期アドルノに見られる非美学とでも言うべきものに導いていく」だろう。(18)

2　非物質的質料

ここでやや唐突にあらわれる「衝撃《ショック》の美学」が、その後すぐさま「非美学（anesthétique）」と言いかえられていることに注意しよう。その言葉の背後にあるニュアンス——麻痺状態《アネステジー》——からすると、ひょっとしたら「麻痺学（anesthétique）」とするほうが適切かもしれないが、ここには文字通り、ある衝撃が感覚を喪失へと至らしめるという事態が想定されている。

カントが『判断力批判』において分析した崇高というものは、それとは異なる問題構成においては、フロイトの思想における無意識的情動や事後性と似たような特徴を呈している。崇高は、ひとつの衝撃の美学と言えるであろうものに、すなわちボードレールを読みすすめるベンヤミンや、後期アドルノに見られる非美学とでも言うべきものに導いていくだろう。その衝撃というのは、カントの心意識、フロイトの〔心的〕装置において、ある力に挑戦をしかけるものだ。その力とは、カントによれば精神の構成的な力、すなわち多様なものを総合する力であり、その基本的な記憶を担う力である。[19]

これは依然としてカントの『判断力批判』について述べられたものであるが、ここではカントとフロイトの議論を接続するさいに、ベンヤミンやアドルノの仕事を挙げたうえで、それを「衝撃の美学」と名指していることに注目すべきだろう。本章でここまで示してきたような見立てが正しければ、この「衝撃の美学」は、一九八〇年代後半のリオタールの崇高論に、これまでとはまったく異なる相貌を与えることになる。そして、次にその中核を担う概念として挙げられるのが「質料」である。

リオタールは一九七〇年代においてすでに、美学をめぐる著作群においてしばしば「質料」を論じていた。とりわけ、フロイトからの強い影響のもとにあったこの間、リオタールは「セザンヌによるフロイト」（一九七一）や「幾つもの沈黙」（一九七二）など、精神分析理論と「質料」概念をかけ合わせた芸術論を数多く残している。[20] とはいえ、八〇年代後半にリオタールがふたたび用いはじ

（18） HJ 59（七九頁）。
（19） HJ 59（七九頁）。
（20） DP 71-94, 281-303.

める「質料」という言葉の内実は、おもにフロイトに依拠していた七〇年代のそれとは決定的に異なっている。[21] ここからは、『非人間的なもの』や『ポストモダンの寓話集』で繰り返し論じられる「質料」——とりわけ「非物質的質料（matière immatérielle）」——が、たんなる「材料」や「素材」といった意味に還元されるものではないことを、なるべく具体的に論じていこう。

この「質料」をめぐるリオタールの思想が端的にまとまっているのは、「崇高以後、美学の状況」（一九八七）である。[22] まず、この表題について注意を喚起せねばならないが、ここに示されている「崇高以後」という言い回しは、「崇高」のパラダイムの「後につづく」状況という意味ではなく、「美」から「崇高」へと人々の関心が移行した時代、というほどの意味だろう。したがって、これから見る「質料」の問題は、リオタールにとっていまだ「崇高の美学」の枠内にあるということに留意しておこう。

それでは、なぜ「質料」が問題なのか。ここに登場する「質料（matière）」という言葉は、「材料（matériau）」や「素材（matériel）」をはじめとする類義語とは異なって、明示的に哲学的な含意、すなわち形相《エイドス》に対する質料《ヒュレー》という意味を担っている。

知られるように、西欧における質料形相論は、古代ギリシアのアリストテレスにまで遡る。事実、リオタールはここでアリストテレスを引き合いに出しながら、「形相が質料にかたちを与える」という考えを支える「形而上学的機構《ディスポジティフ》」に批判的にふれている。[23] いわく、アリストテレスにおける質料は、形相によるとりまとめを前提とした「目的論的な」支配のもとにある。なぜなら、そこではいかなる質料も、最終的になんらかのかたちを与えられるべき定めにあるからだ。こうした通俗的な質料形相論においては、質料がそれ単体で問題とされる事態は基本的に想定されていない。しかし、とリオタールはつづける。「質料と形式との自然な合致が失墜した」現代の芸術においては、現前の方法（＝形式）に頼ることなく、現前するもの（＝質料）への接近がめざされるべきである。[24] ただし、それはたんなる形式からの逃避、およびそれにともなう感覚主義への回帰を意味しない。二〇世紀後半の芸術をめぐる言説において、コンセプチュアル・アートをはじめとする思弁的・観念的な趣きを否定的に捉えるものは珍しくなかった。だが、たったいま見たようなリオタールの立場を、この種の言説と同一視すべきではないだろう。たんに感覚主義的な芸術への回帰をうったえる人々とリオタールの相違を明らかにするためには、ここで用いられている「非物質的質料」という撞着語法に目をむける必要がある。まずもって、リオタールはここでの「質料」が、対象化されえない非物質的なものであることに注意をうながしている。

わたしのいう質料が「非物質的」、すなわち対象化されえないものであるのは、それが「場を得

（21）なお、最近の現象として、一九七〇年代前半の芸術論がしばしば読みなおされていることは興味深い。これについては、リオタールの『言説、形象』が、原著から四〇年の時を経て英訳されたことが大いに影響を及ぼしているように思われる。*Cf.* Jean-François Lyotard, *Discourse, Figure*, trans. Antony Hudek and Mary Lydon, Minneapolis, University of Minnessota Press, 2011.
（22）I 147-155（一八四－一九五頁）。
（23）I 151（一八九頁）。
（24）I 151（一八九頁）。

る［＝生じる］あるいは時を得るためには、精神の能動的な力を宙吊りにして機能不全にすることが必要だからである。すくなくとも「一瞬」だけなら、質料による精神活動の宙吊りが可能だろう。しかし、この一瞬は計測されるものではない。なぜなら一瞬の時間であっても、それを計測するには精神が能動的でなくてはならないからだ。したがって精神には［……］「現前」にとらわれた状態があるのではないか、と提案するだけにとどめておこう。それは精神なき精神状態である。というのも、それが精神に要求されるのは、質料が知覚されるためでもなければ想像されるためでもなく、贈与されるためでも、把握されるためでもないからである。そうではなく、なにものかがそこにあるために、それは要求されるのだ[25]。

ごく簡単に敷衍しよう。「非物質的質料」は、われわれの精神の能動的な力を「一瞬」宙吊りにする。なおかつ、それは何ものかによって把握されるためにではなく、ただそのような質料がそこにある（*qu'il y ait*）という目的のために要求される。「精神活動の宙吊り」ないし「（なにものかが）そこにある」といった語彙からも察せられるように、ここでリオタールは、かつてニューマンの絵画について述べたことと同じことを語っている。前節で指摘したように、リオタールはニューマンの絵画に見られる崇高さを「ただそこにあるという感情」だと言っていた。「そこにある（voilà）」という感情は、作品の意味を消費することの対極にある。ニューマンの絵画を前にしたとき、ひとはその意味を消費するのではなく、ただその出現を、瞬間を感覚する。それは、通常われわれが考えるような一般的な「時間」には属さない。

「瞬間、ニューマン」との連続性は、ほかにもある。ニューマン論においてはいまだ「非物質的質料」という表現こそ用いられていなかったものの、そこではすでに「質料」に重要なはたらきが見いだされていたからである。というより、前節で述べたニューマンの絵画の現前性は、ほかならぬ質料の「裸出性」からもたらされるものだった。ニューマンの絵画における「造形的な裸出性」は、諸々の「歴史＝物語（histoires）」に寄与することはない[26]。なぜなら、絵画を構成する諸々の要素は画布のうえに与えられているものの、ニューマンの絵画に、何がしかの物語にたいする「暗示」は存在しないからだ。換言すれば、ニューマンが作品において行なっているのは次のことである――すなわち、絵画的要素の組み合わせによって「何かがある」という驚異を引き起こすことであり、それによって人々を「色彩、描線、リズムに対して二人称的な対面関係」におくことである[27]。

こうした議論に鑑みても、リオタールのニューマン論の根幹にある発想が、「崇高」を「呈示不可能なもの」の否定的呈示とみなすカント的な立場とはまったく異なるものであることが見てとれるだろう。カントにおいて、呈示不可能な理念を否定的に呈示するとは、まさしくそれを〈暗に‐示す〉ことにほかならなかった。これに対し、ニューマンの絵画において起こっているのは、ある出来事の暗示ではなく、絵画そのものをひとつの出来事へと転じることである。この事実はしばしば見過ごされてきたのだが、リオタールは、ニューマンの絵画における「崇高」はカントの理論に

(25) I 152-153（一九一頁）。
(26) I 91（一〇七‐一〇八頁）。
(27) I 92（一〇九頁）。

よっては説明できないとはっきり述べている。「瞬間、ニューマン」のハイライトは次の一節であり、そこでリオタールはカントの崇高論を抽象表現主義やミニマリズムに引き寄せたうえで、それらとニューマンの絵画を次のように隔てている。

> 『判断力批判』のなかで、カントは瞬時のひらめきにより、ほとんど意図せずに、崇高なる絵画の問題をめぐって異なる解決法をスケッチしている。カントは、純粋なる〈理念〉である無限の力や絶対的な大きさを、空間や時間において呈示することはできないと書いている。しかし、かれが「否定的呈示」と名づけるものによって、とにもかくにもそれらを暗示し、「喚起する」ことはできる。いかなるものも呈示しない呈示というこの逆説について、カントはモーセの律法における偶像禁止を挙げている。それはひとつの示唆にすぎないとはいえ、絵画が形象の檻から逃走しようとするさいに、抽象表現主義やミニマリズムがとった解決法を告げているのだ。
>
> それとは対照的に、
>
> ニューマンにとってこの逃走は、ルネサンスとバロック美術によって形象的空間に措定された限界を乗りこえることにではなく、伝説的あるいは歴史的な「場面」が生起する出来事の時間を、絵画的対象そのものの呈示=現前へと折り重ねることにある。着色剤、画材とのその関係、その配剤は「……」ただそれだけで感嘆すべき驚き、すなわち何もないのではなく、むしろ何かがあ

るという驚異を引き起こすはずである。(28)

まとめよう。バークの崇高論を軸にニューマンの絵画を論じるリオタールは、最終的にカントの「否定的呈示」とは異なる崇高論へと至っている。そこには「否定的呈示」にもとづく暗示があるのではなく、端的な「呈示＝現前」が存在するとされる。ニューマンの絵画におけるこの「呈示＝現前」とは、つきつめれば質料そのものの裸出性にほかならない。この質料がもたらす衝撃こそが、時間を取り集める構想力のはたらきを「一瞬」宙吊りにすると述べるとき、リオタールの「崇高」概念は、崇－高（sub-lime）――すなわち「高さ」――に付随する空間的な表象を離れ、時間的な概念へと至っている。

ある意味で、リオタールの崇高論のもっとも独創的な部分は、空間にかわるこの時間の導入にあるとすら言えるかもしれない。紀元一世紀の書とされる『崇高論』以来、「崇高」はその語源からして、「高さ」すなわち空間性と切り離されることはほとんどなかった（ギリシア語における「崇高《ヒュプソス》（ὕψος）」とは、もともと「高さ」という意味である）。むろん、「崇高」が伝統的に神や超人間的な力としばしば結びつけられてきたのも、こうした「高さ」の問題と無縁ではないだろう。(29) しかし、いましがた見たように、「（非物質的）質料」に即して開陳されるリオタールの崇高論は、それが継起的な時間からの超出と見なされるかぎりにおいて、「崇高」の伝統的な枠組みを逸脱する――「崇高なも

（28）196（一一五－一一六頁）。

のは、時間のなかに位置づけることができない」[30]。

3　感覚不可能な〈もの〉たち

ただし、ここでより厳密になるなら、「超出」という表現は適切ではないだろう。というのもリオタールは、質料の「出現」ないし「呈示＝現前」を前にしたわれわれの心身状態を、「無感覚（anesthésie）」と形容しているからだ[31]。このような言葉づかいは、カントが『判断力批判』で「無情動（Affektlosigkeit）」を「熱狂（Enthusiasm）」よりもさらにすぐれて崇高だと記していたことを想起させるかもしれない[32]。ただしこの「無感覚」の問題は、カントよりもむしろ、フロイト、ラカンの精神分析理論における〈もの〉という概念に深く結びついている。

まず確認しておくと、リオタールの「非物質的質料」という概念は、ジャック・ラカンの〈もの〉からその基本的な着想を得ている。げんにリオタールその人が――ラカンに明示的にふれながら――この大文字の〈もの〉という概念を、「非物質的質料」の同義語としてしばしば用いている（「質料という名称によって、わたしは〈もの〉のことを考えている」[33]）。

〈もの〉とは何か。それはもともと、フロイトが『科学的心理学草稿』で用いた「もの（das Ding）」の訳語である（カントの〈理念〉l'Idée と同じく、フロイトの〈もの〉la Chose も鍵語であることを明示するため、一般的に語頭は大文字で綴られる）。フロイトはそこで「もの」を「表象」から分離されたものと定義しているが、のちにラカンはこれを一九五九年のセミネールで取り上げ、フロイト以上にこの概念を厳密に規定することになる。ラカンによれば、〈もの〉は直接的に把握することはできず、ただそれを「取り囲み迂回する」ことによってのみ把握されるものだという。すなわち〈もの〉はそれ単体としてではなく、ある空虚として、ある「覆われたひとまとまり」として（のみ）把握されるというのだ。(34)

とはいえ、ここではラカンの議論に深く立ち入る必要はない。リオタールが「非物質的質料」を論じるさいにラカンから借りてきているのは、それ単体としては把握されることがない、という前記の性格にほぼ尽きると言ってよい。のちの『寓話集』をはじめ、その後〈もの〉が登場する機会はますます増加することになるが、この時期のリオタールは〈もの〉をラカンの言葉としてではなく、むしろみずからの概念として用いているふしがある。

（29）古代の偽ロンギノスからシラーに代表されるドイツ・ロマン主義にいたるまで、「崇高」がもっぱら超人間的なカテゴリーに属していたということは多くの文献で指摘されている。たとえば、水難事故により早逝したトマス・ワイスケル（一九四五－七四）の『ロマン主義的崇高』には、「人間的な崇高とは撞着語法である」という印象的な一文がある（Thomas Weiskel, *The Romantic Sublime: Studies in the Structure and the Psychology of Transcendence*, Baltimore, Johns Hopkins University Press, 1976, p. 3）。

（30）HJ 61（八二頁）。

（31）MP 197（二七九頁）；HJ 84（一一八頁）。

（32）Immanuel Kant, *Kritik der Urteilskraft*, *op. cit.*, V272（イマヌエル・カント『判断力批判』前掲書、二二二－二二三頁）。

（33）I 154（一九三頁）。

（34）Jacques Lacan, *Le Séminaire de Jacques Lacan : livre 7*, Jacques-Alain Miller (ed), Paris, Seuil, 1986, p. 142（ジャック・ラカン『精神分析の倫理』小出浩之・鈴木國文・保科正章・菅原誠一訳、岩波書店、二〇〇二年、上巻一七七頁）。

この「非物質的質料」という概念の賭けどころを押さえるために、ほかのテクストにも目をむけてみよう。まず肝心なことは――第一章で、写真に即して明らかにしたように――ここでもリオタールの議論が、かならずしも絵画に限定されてはいないということである。すでに『非人間的なもの』において、質料のもつ「ひびき（timbre）」や「色合い（nuance）」は「色彩」と「音響」に共通する要素であるとされていたが[35]、その数年後の『寓話集』ではより明示的に、この「非物質的質料」が音楽のうちにも見いだされている。たとえば「音楽、無言」（一九九三）において「非物質的質料」と呼ばれるのは、視覚的ならぬ聴覚的質料である。

存在が欠けている、あるいはその存在が欠けることすら欠けているということは、心をかき乱すようなざわめきを引き起こす。にもかかわらず、この非存在のざわめきは、音楽に非物質的質料というものを与える。その質料は諸々の出現やふるまいからなっており、それが楽句という装いに変換されるのだ[36]。

音響における「非物質的質料」は、「存在の欠如」ないしその「欠如の欠如」によって生じる「ざわめき（rumeur）」を通じて与えられる。リオタールによれば、そのような質料は可聴音のなかに「非合法に」住みついたものであるがゆえに、それ単体としては聞こえない。それは「楽句という装い」に変換されはするが、「その痛みは分節されないまま呻き、何も求めることはない[37]」。視覚についても同じことが言える。つまり「非物質的質料」とは、たんに可視的、可聴的な素材としての「材料」でもなければ、形式によるとりまとめを経て把握されるような一般的な意味での「質料」でもない。それは可視的、可聴的な質料のうちに住まいながら、それ単体としてはけっして見られ、聞き取られることのないものである。

そのような質料はしたがって、「対話にも弁証法にも関与しない[38]」。だが、かつて弁証法を逃れるものとされていた「呈示不可能なもの」が、結局のところ当の弁証法に避けがたく与してしまうという事実を、われわれは前章において見たばかりはなかったか。したがって、「非物質的質料」が「対話にも弁証法にも関与しない」というリオタールの言説を裏づけるためには、この概念が「呈示不可能なもの」と本当に異なっているのかどうかを明らかにする必要がある。

この問題を考えるうえでは、まずもって次の事実に着目すべきだろう。(1)「非物質的質料」が、フロイトにおける「原光景」と同じく、ひとつの衝撃に結びつけられていること。(2)その強さゆえに、われわれの感覚可能な領域を超出するにもかかわらず、痕跡としてわれわれの身体に書き込まれること――の二点である。

これに関連して、リオタールが『ハイデガーと「ユダヤ人」』で挙げている次のような喩えを紹介しておきたい[39]。ここでいう「衝撃」とは、何もその対象を根本から破壊してしまうような暴力的

(35) I 151-152(一九〇頁)。
(36) MP 195(二七六頁)。
(37) MP 196(二七七頁)。
(38) I 154(一九三頁)。

なものではない。それはあくまでも、われわれにとって感覚不可能な〈もの〉である。たとえばそれは、人間の目には見えない「紫外線」や「赤外線」のようなものだと言えるかもしれない。紫外線や赤外線は可視的な領野の外にあるが、だからといって人体になんの影響も与えないわけではない。それらは皮膚や眼球に、ゆっくりと、しかし確実に影響をおよぼすだろう。

いくぶん謎めいた概念である「非物質的質料」についても、おそらくこれと似たような説明が可能であるように思われる。リオタールは「非物質的質料」についての説明のなかで、次のような具体的なケースを話題にしていた。

色合いやひびきは、物理的な変数によっては同一のものとされてしまうような、音や色のほとんど知覚しがたい差異である。その差異は、あるいは色や音が獲得される、その方法に帰することもできるだろう。たとえば、その音を弾くのがヴァイオリンなのか、ピアノなのか、あるいはフルートなのか。あるいは同じ色でも、パステルなのか、油彩なのか、水彩なのか——というように。色合いとひびきは、[différer という]言葉の二つの意味で〈差異を生む＝時間をおく〉ものである。つまり、それらはピアノによる音とフルートによる音のあいだに差異を設け、その音の同定を先へと見送らせるのだ。(40)

リオタールが「非物質的質料」について語りはじめるのは、いささかナイーヴすぎるとも言える、こうした話題の直後である。ここで述べられているのは、ようするに次のようなことであろう。つまり、音楽や絵画における「ひびき」や「色合い」というのは、楽譜や構図といった、どちらかといえば客観的な変数《パラメータ》の外にある。そこでどのような楽器、どのような絵具が用いられる（べき）かということは、その作品がひとたび楽譜や構図のような客観的データに落とし込まれれば、すっかり消えてしまう。もちろん、その作品にじかにふれた目や耳は、それらの質感の違いをたしかに感受する。しかしほとんどの場合、われわれの意識は楽曲や絵画にむけられており、それを構成する楽音や絵具は意識の外におかれる。つまるところ「非物質的質料」とは、作品の物理的な構成要素のうち、知性がその「意味」を十全に把握することができないようなものである。

「非物質的質料」はまぎれもなく現前している。それはひとつの現前なのだが、ただし、あ、あ、まりにも強く明らかな現前なのだ。すでに見たように、現前がもたらすこの衝撃は、構想力による時間の継起を宙吊りにする。ではリオタールは、いったいなぜこうした宙吊りを「崇高」と呼んでいるのだろうか。リオタールはカントと同様に、崇高なるものの経験を感性からの超出であるとみなしている。ただしカントにおいては、われわれの感性が限界に達したとき（これが「崇高」の契機である）、これにかわって支配的になるのは理性であった。[41] これに対しリオタールは、われわれが感性の支配から逃れるとき、そこに姿をのぞかせるのは「触発（affection）」であると言う。

（39）HJ 33（三九頁）。
（40）I 152（一九〇頁）。ここに見られる動詞 différer の二重性については、第二章の註15（本書七三頁）も参照のこと。
（41）Immanuel Kant, *Kritik der Urteilskraft*, *op. cit.*, V258（イマヌエル・カント『判断力批判』前掲書、二〇〇頁）。

構想力をもつ精神は、絶対的なもの（大文字の〈もの〉）を呈示するためのしかるべき形式を産出することができない。この形式にたいする無力さは、技術としてではなく、美的形式としての芸術の終焉の端緒となり、これを際立たせる。芸術が存続するとすれば、またそれはげんに存続しているのだが、それはまったく別物であり、趣味の外に存在している。そしてそれは、感覚的なものには何ひとつ負わず、すべてを感覚不可能な秘密に負っているあの無、触発を明かし、またそれを解放しようと懸命になっているのである。[42]

芸術作品は、ある絶対的な超過によってわれわれの感覚を喪失させ、「無感覚」にする。それはもはや感性ではなく、感覚不可能な触発への回路を開くだろう。[43]そして、この感覚しえない触発をあらわにする契機こそ、「崇高」にほかならない。

そしてこの主題もやはり、「瞬間、ニューマン」においてすでに示唆されている。[44]その要諦をあらためて振り返っておこう。構想力のもっとも基本的な総合とは、時間を構成する総合であった。なぜなら質料を把握し、そこからなんらかの形式を産出するためには、まずそれを時間のなかで保持することが不可欠であるからだ。[45]だが「崇高」と呼ばれる衝撃を前にしたとき、われわれの構想力はこの総合をいったん中断せざるをえなくなる。[46]

感覚的なものがある形式として呈示しえないような「もの」が、なおも感覚的なものに「現前」することによって感動させられてしまうということ——それは、論理と言うに値する論理には受け入れがたい神秘である。しかし、崇高な感情についてのあらゆる記述は、このような逸脱にむかって収斂している。［……］美的感情は限界に達し、崇高なる痙攣は趣味の幸運として、ある感覚を機会として経験される。しかしながらそのことは、その感覚が甘美な同意を鳴り響かせてみずからを美に差し出すからではなく、それが感覚能力を超過して、その感覚能力を喪失にいたらしめるまでに奪うからである。(47)

しかし、さきほどの繰り返しになるが、リオタールは〈もの〉を超越的な位相におくことはしない。それは可視的、可聴的なものの内に潜んでいるのであり、それ自体ひとつの独立した存在とはみなされていないのだ。感覚的な質料の上位に超越的な〈理念〉が存在し、否定神学的な機構によってそれが表出されるわけではない。「非物質的質料」——ないし〈もの〉——はあくまで、それを呈示する運動と不可分のものとしてあらわにされる。ここでリオタールは、可感的な質料による支配と、道徳法則による支配をともに拒絶している。つまりリオタールは、感性／理性のそれぞれ

（42）HJ 78（一〇九頁）。
（43）HJ 78（一〇九－一一〇頁）。
（44）I 89-99（一〇五－一二〇頁）。
（45）HJ 59-60（八〇頁）。
（46）この端的な表現として、リオタールによってしばしば引用されるのが、ヘルダーリンの次のような一節である——「苦悩の限界においては、人間には時間と空間の制約以外には一切が消失する」。
（47）MP 203（二八九頁）。

を異なる支配の形式とみなしつつ、そのような支配の「中間休止」としての「崇高」を、みずからの美学において打ち立てるのである。(48)

4　時間、抵抗、ミクロロギー

構想力の、時間の、そしてわれわれの内なる諸能力による支配の宙吊り――「衝撃《ショック》の美学」としての、リオタールの第二の崇高論にわれわれが見いだしたのは、以上のようなモティーフであった。ここであらためて問うなら、リオタールのこうした議論を駆動する問題意識とはいったい何だったのか。その答えは、やはり資本主義との関わりから考えられねばならない。本書第二章において明らかにしたように、リオタールは『文の抗争』において、資本主義こそすべてを収益性という目的にしたがわせる、全体主義的なシステムであると批判していたのだった。それは一方では金銭を「稼ぐ」という目的性でもあるが、他方では時間を「稼ぐ」という目的性でもある。資本主義をひとつの経済システムと捉えるなら、前者のほうがより重要であると思われるかもしれない。だが、リオタールが八〇年代後半のテクストにおいて頻繁に論じるのは、むしろ後者の「時間」の問題である。げんに、ここまでたびたび参照してきた『非人間的なもの』には「時間についてのお喋り (causeries sur le temps)」という副題が添えられている。ここでのいささか唐突な「時間」という語彙の登場は、資本主義をはじめとする「発展のイデオロギー」が要求する「時間の節約」の問題に深く関わっている。

本書に収められた発表の多くは時間の問題に関わっている。［……］発展は時間の節約を要求する。すぐに行くこと、つまりすぐに忘れることは、結果として役に立つ情報のみをとどめておくことになるだろう――まさに「速読法」のように。(49)

資本主義はできるかぎりの「時間の節約」を要求する。そしてすべては、より大きな利益を得るための「効率性」に捧げられるのだ。ひるがえって「崇高」とは、こうした「時間のテクノロジー」である資本主義に抗うための「窮乏」の名にほかならない。

出現とともに、意志は崩壊する。前衛の責務は、依然として時間にたいする精神の思い上がりを解体することにある。崇高の感情とは、この窮乏の名である。(50)

（48） この問題は Jacques Rancière, « Lyotard et l'esthétique du sublime. Une contre-lecture de Kant », *Malaise dans l'esthétique*, Paris, Galilée, pp. 119-141 に詳しい。ランシエールはシラーの『人間の美的教育について』を参照しつつ、リオタールの主張する非－支配の形式としての崇高の二重性（誘引／反発）の「原光景」を、シラーの美の概念に見いだしている。なお、リオタールについても数々の批評を加えているランシエールその人の美学理論については、鈴木亘『声なきものの声を聴く――ランシエールと解放する美学』（堀之内出版、二〇二四年）を参照のこと。

（49） I 10（三頁）。

（50） I 118（一四四頁）。

われわれの構想力が可能にする時間の流れを宙吊りにするということは、資本主義の流れ《フロー》にしたがっている主観的な時間を一瞬「中間休止」へと導くことにほかならない。[51] もちろんそのような「中間休止」は、せいぜい一瞬しか持続しえないだろう。ゆえにそれは、「資本主義を転覆する」といったダイナミズムを保持しているわけではない。しかしリオタールにおいてはむしろ、システムの全面的な転覆からはほど遠い「ミクロロギー」的な実践こそが強調されている。最後に、この点にも留意しておくべきだろう。

この「ミクロロギー」という言葉もまた、ここまでたびたび参照してきたアドルノの『否定弁証法』に負っている。たとえば『文の抗争』では、「ミクロロギーは、全体的なものとしての形而上学を前にしたアジールとしての形而上学の場である」というアドルノの言葉が引き合いに出されている。[52]「ミクロロギー」が「全体的な形而上学」にたいする「アジール」であるという言いかたは少々わかりにくいが、『ハイデガーと「ユダヤ人」』における次の記述をあわせて参照してみよう。

アドルノは最終的にベンヤミンのエクリチュールに賛同する。建築としての哲学は瓦解したが、その後には残骸のエクリチュール、ミクロロギー、落書きがふさわしいものとなりえよう。[53]

ようするに「ミクロロギー」とは、かつてあった全体性が崩壊したあとに残る、細部へのまなざしにほかならない。そして、こういった姿勢はなにも「哲学」にかぎられたことではない。リオタールが芸術論において「ひびき」や「色合い」といった要素を問題としはじめたのも、作品という強い全体性に抵抗し、むしろそのミクロな部分に着目する実践としてであった。すでに見た「崇高と前衛」でもやはり、「ミクロロギー」という言葉が用いられている。

前衛のさまざまな探求は、絵を描く技術にとって「基本要素的である」もしくは「根源的である」と信じられてきた構成要素を、かわるがわる問題にしている。それらの探求は最小のものから作動する。その場合には厳密さへの要求に相対しなければならない。この厳密さへの要求とは、『否定弁証法』の末尾でアドルノが素描した原理によりこれらの探求を駆り立てているもの、また『美学理論』のエクリチュールを統御しているものでもある。「崩壊しつつある形而上学に寄り添う」思想は、「ミクロロギー」によってのみ取りかかることができる。(54)

質料によってもたらされる「崇高な」衝撃に身をさらし、それによって時間の継起性を宙吊りに

（51） QP 11. ここで「中間休止」としたcésureは、もともと「句切り」という詩の用語である。これらと近い時期に、ヘルダーリンに準拠しながら「弁証法」と「生起」についての問いを練り上げているフィリップ・ラクー＝ラバルトは、ここでのリオタールの問題意識をすくなからず共有していると考えられる。*Cf.* Philippe Lacoue-Labarthe, *L'Imitation des modernes*, Paris, Galilée, 1986（フィリップ・ラクー＝ラバルト『近代人の模倣』大西雅一郎訳、みすず書房、二〇〇三年）。
（52） D 131（一八一頁）。
（53） HJ 76（一〇六頁）。
（54） I 114（一三九頁）。

することは、こうしたミクロロギー的実践のひとつにほかならない。繰り返しになるが、こうしたミクロな次元における抵抗は、資本主義という支配的なシステムへとむけられている。この点において——あるいはほぼこの点においてのみ——リオタールの崇高論は一九八一年以来一貫していると言えるだろう。裏返して言えば、リオタールの「崇高」概念の内実は、時期や主題によってさまざまに変転するのだが、その（暗黙の）批判対象が資本主義であるという一点において、かろうじての一貫性を保持しているのである。「快と苦の内的な結合」「呈示不可能なものの否定的呈示」「呈示による感覚の宙吊り」——等々といった、われわれがここまで明らかにしてきた崇高論の幾つものセリーを瑕疵なく束ねることは、おそらくできない。その時々の状況に応じてさまざまな性格を与えられてきたこれらの「崇高」を、首尾一貫した概念として定義するのは不可能であり、むしろそうすることで失われてしまうものはきわめて大きいように思われる。

だからこそわれわれは、それらのミクロな地平を能うかぎり強調しておくべきだろう。リオタールの崇高論を構成する複数のセリーは、みな等しく、資本主義にたいするなんらかの批判的な潜勢力を付与されているのである。

リオタールの「崇高」が、つねになんらかのしかたで現代の資本主義と関連づけられているという事実からは、次のことが導き出せよう。すなわち、リオタールにおける「崇高の美学」は、時代を問わず普遍的に見いだされるようなものではない。第一章で見たように、リオタールはそれを——いわゆる「超越の崇高（le sublime de transcendance）」とは異なる——「内在の崇高（le sublime d'immanence)」と呼んでいた。ここでいう内在とは、当人も述べているように、まずもって資本主義への内在である。つまり、資本主義にたいする批判的契機としての「崇高」は、ほかならぬ資本主義のなかから生み出されたものにほかならない。

資本主義を、当の資本主義の力によって批判するというその戦略は、本書でもすでに「恐怖」という概念に即して見てきたものである。「崇高」もまたその例外ではないが、そもそもこうした戦略は、リオタールが（遅くとも）一九七〇年代はじめに到達した特異な資本主義観に由来している。リオタールは、資本主義の直接的な批判は不可能であるという認識を示しており、だからこそ資本主義に由来する「恐怖」や「崇高」を転用するというしかたで、おのれの戦略を具体的に示していくのである。

次章では、こうした戦略の背後にあるリオタールの資本主義観を示しつつ、そこでとりわけ「崇高」が担う意義を明らかにしていこう。というのも、リオタールは奇妙にも、みずからが批判する資本主義それ自体をしばしば「崇高」と呼んでいるからだ。ともすれば根本的な背理とも捉えられかねないそうした記述のなかにこそ、リオタールの崇高論がもつ真に批判的な意義が含まれている。第四章においてわれわれは、その可能性と限界を見極めていくことになるだろう。

第四章

資本主義、この崇高なるもの

1　漂流——批判の外へ

現在にいたるまで、リオタールの崇高論はもっぱら美学的な関心から論じられるにとどまっており、リオタールが資本主義との関連においてそれをどのように構想していたか、という問題はほとんど考察されてこなかった。そこで本章では、崇高と資本主義をめぐって提出された複数の命題を検証しつつ、リオタールの崇高論がもつ社会批判的なモティーフについて論じていくことにしたい。

資本主義をめぐるリオタールの思索の一端を知るには、まずもって一九七〇年代はじめのテクストに遡る必要がある。たとえば『漂流』(一九七三)では、資本主義の脅威が、すべてを回収してしまうその力にあると述べられている。資本主義は、あらゆる否定をみずからのうちに取り込んでしまい、さらにそこからたえず新たな価値を生じさせる。したがって、それを批判することにはつねに困難がともなうどころか、その直接的な「批判(critique)」は不可能ですらある。リオタールは、かつてみずから刊行を試みた「題名も著者名もない本」を引き合いに出しつつ、『漂流』の序文においてそのことを示唆している。

わたしはかつて、ブリュノ・ルムニュエルとともに、題名も著者名もない本を夢想したことがあった。だがそれは単純素朴な発想だった。そのような本が出版されたとしても、つまり出版社を得たとしても、価値法則はこのような対象をそのサイクルにかならず引き込み、むしろそのような欠落をもつという事実によって、そこからより多くの価値を生じさせずにはおかないだろう。そして、題名も著者名もないことが、この本を評判の高い消費対象にしてしまうだろう。[……]資本主義経済はわれわれから匿名性それ自体を奪ってしまい、その匿名性が剰余価値の占有の一様態になることすらあるのだ(1)。

ここで言われる「題名も著者名もない本」は、リオタールが述べるように、いっけん標準的な価値体系を逃れるものであるかに見えながら、それまでの「商品」にはなかった「新しさ」によって、結局のところ価値法則のなかに回収されてしまう。かりにその試みが資本主義にたいする皮肉や批判を含んでいようと、つねに新しさを求める資本主義の力学は、おのれにむけられた皮肉や批判すらもみずからのうちに取り込んでしまうだろう。「あらゆる批判は、資本主義を乗り越えるどころか、それを強固なものにする(2)」。ここから、資本主義の真なる批判を試みるリオタールのテーゼは次のようなものになる――「批判の外へ、漂流しなければならない(3)」。

リオタールは明言していないが、一九七〇年前後のパリという時代状況に鑑みれば、この「漂流

（1） DMF 7-8（一〇－一一頁）。
（2） DMF 16（一一頁）。
（3） DMF 15（一〇頁）。

(dérive)」という言葉には複数の着想元がありうる。[4] ともあれ、この概念をおのれのものとして打ち出すリオタールは、資本主義を「批判する」ことではなく、その欲望を「漂流させる」ことこそが、結果的に資本主義を破壊しうると考える。この論文集のタイトルにもなっている「漂流」とは、既成のシステムを支えている欲望やエネルギーを「ずらし」、それを可能な範囲で「置き換える」ことにほかならない。リオタールによると、「漂流」の語源であるラテン語の derivatio は「岸辺を離れる」ことではない。むしろそれは「流れを変える」ことであり、「かつての目的地とは別の場処へとむかう」ことである。[5]

これをもっかの議論に即して言いかえるなら、「漂流」とは、資本主義のシステムから距離をとったうえでそれを批判することではなく、資本主義にかたちを与え、なおかつそれを維持している人々の欲望の「流れを変える」ことである。リオタールによれば、資本主義、ひいては社会一般を成立させているのは欲望の「備給」である。のちの『リビドー経済』(一九七四)に詳しいが、資本主義社会は、われわれの欲望を分節し、それを身体、言語、大地、都市へと精力的に備給することによって維持されているというのが、この時期のリオタールの基本的な見かたであった。[6] すでに見たように、資本主義の批判は、結局のところそこに新しい「何か」を付け加えることでしかない。それは資本の「備給」を後押しすることと同じである。むしろ、資本主義にたいする真に批判的な営みとは、そうした欲望の流れをずらし、諸部分への備給を喪失させることにこそ見いだされる。

資本主義を破壊するもの、それは欲望の漂流であり、備給の喪失である。といってもそれは、経済学者たちが求めているようなものではなく［……］資本のシステムとそのあらゆる極におけるリビドーの喪失のことである。(7)

のちのリオタールがこの時期のテクストに立ち戻ることはほとんどないが、こうした資本主義への批判意識を、リオタールが終生抱えつづけていたことはほとんど疑いえない。「社会主義か野蛮か」におけるマルクス主義者としての活動は一九六〇年代に区切りを迎えるものの、資本主義をめぐる批判的な実践は、のちに著述活動へと場を移して確実に継続されていたのである。

とはいえ、資本主義にかわるオルタナティヴなモデルを示すのではなく、それを変容させ、あるいは――いくぶん古い言葉になるが――「内破する」立場を突き詰めると、最終的にそれは資本主義の内にとどまり、その無限の運動を極限まで「肯定する」という姿勢に行き着くのではないか。

（4）さしあたり思い浮かぶのはジャック・ラカンとギー・ドゥボールの二人である。*Cf.* Jacques Lacan, *Le Séminaire de Jacques Lacan : livre 7*, Jacques-Alain Miller (ed.), Paris, Seuil, 1986, p. 132（ジャック・ラカン『精神分析の倫理』小出浩之・鈴木國文・保科正章・菅原誠一訳、岩波書店、二〇〇二年、上巻一六四－一六五頁）。なおマーティン・ジェイは、リオタールがこの言葉を、シチュアシオニストにたいする「幻滅」を示すためにあえて用いたのではないかと註記している。Martin Jay, *Downcast Eyes: The Denigration of Vision in Twentieth-Century French Thought*, Berkeley, University of California Press, 1993, p. 562（マーティン・ジェイ『うつむく眼――二〇世紀フランス思想における視覚の失墜』亀井大輔・神田大輔・青柳雅史・佐藤勇一・小林琢自・田邉正俊訳、法政大学出版局、二〇一七年、第一〇章註八一）。

（5）DMF 18（二四頁）。

（6）とりわけ、同書における「資本の身体」という鍵概念については、本間邦雄『リオタール哲学の地平――リビドー的身体から情動－文へ』（書肆心水、二〇〇九年）の第二章「『リビドー経済』における「身体《コール》」」を参照のこと。

（7）DMF 16（二二頁）。

事実、リオタールは資本主義におおむね批判的な立場をとる一方で、一見するとそれを支持しているかのようなふるまいを見せることもある。たとえば一九七二年にスリジー＝ラ＝サルで行なわれたコロックでは、「資本」がニーチェの「永劫回帰」と関連づけられながら次のように論じられている。

〈資本〉とは、一方では消費としての生産、他方では生産としての消費である。つまり、終わりもなく目的もないメタモルフォーズである。このメタモルフォーズは、旧式の制度、前資本主義的な制度の解消としてはたらくのみならず、たえず解体され再建される、みずからに固有の制度の自己解消としてもはたらくだろう。ここでわたしが制度という言葉で理解しているのは、安定した（政治的、法的、文化的……）意味作用として与えられているすべてのもの、すなわち調整された隔たりのうちに安らい、表象を生み出すすべてのものである。事物から人間へ、人間から事物へと、あるいは生産物から生産手段へ、あるいはその反対へとたえず移り変わるメタモルフォーズの性格、つまり非政治的であるかぎりでの経済、それを教えてくれるのはまさに〈資本〉なのだ。このような解消としてのモダニズムは、根本的に肯定的なものであり、この運動にニヒリズムは存在しない。そこにはただ超人間的なもの、ないしは非人間的なもののデッサンがあるのだ。(8)

ここでは「資本（Kapital）」が、ニーチェの語彙である「肯定」や「永劫回帰」を体現するものとして論じられている。(9) ニヒリズムなき肯定の運動としての資本主義――同年の「エネルギー態としての資本主義」（一九七二）[10]にも通じるそのような見識は、この社会を「リビドー」という一元論的な力学のもとで捉えた『リビドー経済』の関心にも確実につながっている。もっとも、この時期の「リビドー主義」をリオタールが自己批判したというのはよく知られる事実であり、これを八〇年代以降のテクストにそのまま接合するのは無理があると見るむきもあるだろう。[11] しかし、かりに「リビドー」や「備給」といった語彙を振り捨てたとはいえ、資本主義をめぐるリオタールの両義的な立場は、これ以後も引き続き目にとまる。たとえば、資本主義にはっきりと批判的な立場を示した『文の抗争』とほぼ同じタイミングで、リオタールが次のように発言していることに注意しよう。『知識人の終焉』（一九八四）によれば、「今日における社会の最重要問題は国家の問題である、という話をいたるところで耳にする。だが、それはたいへんな思い違いだ。同時代の国家の問題を含めて、ほかのいかなる問題にもまさる重要問題、それは資本の問題である」[12]——そのように述べ

（8）DP 308-309.

（9）このニーチェ論（「回帰と資本についてのノート」）において、リオタールは〈資本〉という単語を一貫してドイツ語（Kapital）で綴っている。また『漂流』所収の同時期の論文でも、「資本主義（的）」という単語はcapitalisme, capitaliste ではなく、kapitalisme, kapitaliste と綴られるケースがほとんどである。

（10）DP 7-52. ちなみに同論文は、リオタールがドゥルーズ＝ガタリの『アンチ・オイディプス』を主題的に論じたものである。

（11）デイヴィッド・キャロルは、リオタールが一九七九年の段階で、すでにかつての「リビドー主義」を自己批判していたと指摘する。キャロルによれば、そのような自己批判は同年に刊行された『欲動機構』第二版への序文のなかに見いだされるという。David Caroll, *Paraesthetics: Foucault, Lyotard, Derrida*, New York; London, Methuen, 1987, p. 29.

（12）TI 77（八五頁）。

るリオタールは、次のように続ける。

資本主義は「経済的」でもなければ「社会学的」でもない形而上学的な形象であろうとしてきたし、現実にそうなっている。そこでは無限なるものがいまだ限定されていないものとして、意志によってどこまでも支配され、占有されるべきものとして措定される。〔……〕このような無限を支配し、それを終極＝目的にいたる手段としなければならない。そして、この終極＝目的こそ意志の栄光、無限の栄光そのものである。(13)

ここでリオタールは、資本主義が「形而上学的な形象であろうとしてきたし、現実にそうなっている」と述べているが、そこに見いだされるのは「無限の発展」という──主体なき──理念を体現するシステムとしての資本主義の姿にほかならない。そのうえでわれわれは、こうした「無限」を支配しなければならないと（いったんは）述べられているものの、この直後でその可能性はすぐさま否決される。

こうした意志の無限性を体現し、独占できるような階級は存在しない。わたしが「資本主義」と言うとき、その意味するところは資本の所有者でもなければ、資本の管理者でもない。(14)

ようするに、こうした「意志の無限性」は、あくまで資本主義という非人称的な運動により体現されるものである。言いかえれば、それを国家という機構や、ましてや特定の階級や個人が占有することは不可能なのだ。いかなる支配も受けつけない、ひとつのシステムとしての資本主義は、技術的、社会的、政治的な成果物を終極＝目的とするものではない。リオタールいわく、そのような資本主義の美学は崇高なるものの美学である。

資本主義は、諸々の規則によってつくり出されるような技術的、社会的、政治的な成果物〔œuvre〕を終極＝目的とするものではない。資本主義の美学は、美しいものの美学ではなく、崇高なるものの美学である。その詩学は天才の詩学なのであって、資本主義にとっての創造行為とは規則に従うものではなく、規則をつくり出すものなのである[15]。

ここで対比されている「美しいものの美学」と「崇高なるものの美学」は、それぞれ「規則に従う美学」と「規則をつくり出す美学」と言いかえることができるだろう[16]。そのさい、リオタールが「美」という言葉にいくぶん否定的なニュアンスを与えている理由については、本書第一章の議論

（13） TI 78（八六－八七頁）。
（14） TI 80（九〇頁）。
（15） TI 79（八七－八八頁）。
（16） これらは『ポストモダンの条件』における「ホモロジー（homologie）」と「パラロジー（paralogie）」の対比にもほぼ重なる。CP 9（一一頁）。

を想起してほしい。つまり「美」とは、もはやその効果を計算され、大衆の趣味に合わせられた予定調和的なものにすぎない。「美しいものの美学」が規則に従う、というのはそのような意味においてである。これに対し、「崇高の美学」はみずから規則をつくり出すものであった。リオタールが支持する前衛の営為もまさにそうしたものであり、それは第一章で見た次の記述にも端的に見て取れる。

前衛たちは諸々の弁証法に身を捧げる。この否定弁証法が賭けどころとしているのは、「絵画とは何か」という問いである。そして、それがばねとしているのは、「いや、それもまた絵画に不可欠のものではない」という、すでになされたことや、なされたばかりのことへの反駁である。絵画は一種の哲学的な営為となる。さまざまな絵画的イメージを形成するための規則は、すでに言明されているものではなく、したがってすぐさま適用されるものでもない。絵画にとっては、むしろ絵画的イメージを形成するための規則を探すことが規則である——哲学にとって、哲学的な文章を形成するための規則を探すことが規則であるように。(17)

ところで、この文章では「規則をつくり出す」ことは芸術家の営為であるとされているが、さきほどの『知識人の終焉』において、「規則をつくり出す」ことは「資本主義にとっての創造行為」であるとされていた。本来ならば、この二つの命題はけっして混同されるべきものではないだろう。常識的に考えれば、「芸術家の営為」と「資本主義の創造行為」は、本来まったく異なるものであるはずだ。加えて言えば、「規則をつくり出す」芸術家たちの営為が崇高だとされていたのは、そもそもそれが資本主義への批判として機能しうるからであった。にもかかわらず、先のようにリオタールの主張をまとめた場合、「規則にしたがうのではなく、それをつくり出す」という「崇高の美学」は、（A）資本主義を批判する前衛芸術と、（B）前衛芸術に批判される資本主義とに――奇妙にも――共有されるものとなってしまう。ここには、これまで見てきたような一連の議題をめぐって、「崇高の美学」が相反する二者に共有されるというパラドクシカルな事態が生じている。

2　二つの非人間性

この問題をさらに追求していこう。「資本主義の美学は崇高なるものの美学である」というさきほどの命題は、資本主義の創造行為が「規則に従うのではなく、規則をつくり出す」という前提のもとで示されたものだった。他方、リオタールは「崇高と前衛」（一九八三／八五）において、よりはっきりと資本主義のなかに崇高なものが存在すると述べている。

資本主義経済のなかには崇高なものが存在する。資本主義経済は、格式を重んじるわけでも、重

（17）Ｉ133（一六四頁）。

農主義的でもなければ、いかなる自然もみとめない。それは、ある意味では無限の富と力というひとつの〈理念〉にそって統御されている経済なのである。[18]

ややわかりにくい記述だが、ここでも〈理念〉という言葉がカントの語彙をふまえていることに注意しよう。第一章で指摘しておいたように、リオタールは『経験の殺戮』(一九八四)において明らかにカントを念頭におきながら、かつての、すなわちカントの崇高が「超越的な崇高」であるとすれば、現代におけるそれは「内在的な崇高」に取ってかわられていると論じた。[19] カントは『判断力批判』において、目的性をともなわない自然の事物と、目的性の付着した人工物をはっきり分けている。しかしリオタールによれば、すでに自然が所与のものとして与えられていない現今の状況において、「崇高」をはじめとするわれわれのさまざまな感情は、なんらかの人為的システムの囲い込みを経ずしては得られない。つまりカントにおける「崇高」は、われわれの社会の外にある自然を契機として引き起こされ、なおかつわれわれの感性にたいして超越的な理性に結びつけられるという点で、二重に「超越的な」ものだった。リオタールはそうしたカントの議論に対し、みずからの「崇高」はあくまでも資本主義の内にあり、それがいささかも自然とは結びつかないということを強調する。ここで念のために付け加えるなら、われわれの感性がその活動を一時休止するとき、そこになんらかの超越的な審級が介入する余地は、リオタールの崇高論には存在しなかった。この問題については第三章で見たとおりである。かりにこうした前提を受け入れるならば、なるほど「崇高」は、リオタールが言うようにまぎれもなく資本主義の「内に」ある。

しかしここで、より根本的な事実を明らかにしておくべきだろう。すなわち「資本主義経済のなかに崇高なものが存在する」という命題は、たんにわれわれを取り囲む環境や、われわれの認識能力の有限性のみに即して述べられているわけではない。リオタールは、資本と前衛とのあいだにある種の「共犯関係」が存在するということをただしく認識したうえで、この命題を提示しているのである。

> だが、資本と前衛のあいだにはある共犯関係が存在している。資本主義によって作動させられる懐疑の力とその破壊の力は、マルクスがたえず分析し、確認しつづけたものである。そしてそうした力が、既存の規則を信頼することの拒絶、そしてつねに新たな表現手段や様式、素材を用いて実験を行なう意志へと、芸術家を駆り立てているのだ[20]。

いかに芸術が資本主義による価値の平準化に抵抗しようとも、つねに新しさを求めるその営為が、ほかならぬ資本主義的な力学に駆動されていることは否定しがたい。七〇年代からたえず資本主義の問題を扱ってきたリオタールは、当然そうした両義性に自覚的だった。みずからの批判対象であるところの資本主義のなかでしか崇高を見いだせないばかりか、そこにはある種の共犯関係すら存

(18) I 116(一四一頁)。
(19) AEP 153(一六二頁)。
(20) I 116(一四一頁)。

在する、、という逆説に、リオタールはごく早い時期から自覚的であったのだ。

そしてこの両義性を、リオタールは長らく「非人間的なもの（l'inhumain）」という言葉に託していた。この「非人間的」という言葉は、大きく二つの意味で用いられる。すなわち第一にそれは、資本主義の発展がわれわれに強いる「非人間性」である。後期資本主義社会のシステムがわれわれを非人間的なものにする、現代におけるコミュニケーションの形態がわれわれを疎外する、といった言説がもはやひとつの紋切り型であるように、「人間主義という意味での人間たちは、今まさに、否応なしに非人間的になろうとしているのではないだろうか[21]」。つまり一方でこれは、つねに効率性を優先する経済本位のシステムを批判的に示す言葉として用いられているわけだ。

しかし、他方でそれは、人間のうちに住まう「人間未満」の部分を意味する言葉として、積極的な意味においても用いられる。すなわちもう一方の「非人間性」とは、人間のうちにあってけっして通約されえない、自己のうちにある「他なるもの」であり、精神分析的な意味での「幼年期＝言葉なきもの（infans）」である。それは、たんに人生の一時期としての「幼年期」を指しているのではない（「人生の一時期ではなく、過ぎ去っていくものでもない幼年期[22]」）。それはわれわれの内なる「残余」であり、しかも永遠に残余のまま留まりつづけるような「何か」である[23]。というのも、リオタールがきわめて正確に指摘するように、「非人間的なもの」という残余なくして、そもそも「人間的なもの」というカテゴリーは存在しえないからである。

もし何ものも残さないとしたら、大人たち自身が次のことを説明できなくなる――すなわち、かれらがたえず努力して諸々の制度への適合を確かなものにし、さらにはそれらの制度をより良い集団生活のために改良しなくてはならないということを。また、それだけでなく、それらを批判する力、それらを堪える苦、それらを逃れようとする誘惑も、かれらの諸活動のある部分に存続しているということを。(24)

つまり「人間化」がたえず行なわれているということは——より平たく言ってしまえば、「子供」が「大人」になり、社会に順応していくという手続きが絶えることなく続いているということは——「非人間的なもの」が、けっして通約されない「残余」として存在しつづけているからであろう。この「非人間的」という言葉を、アポリネールないしアドルノのテクストから好んで引くリオタールは、芸術や文学を社会における「非人間的なもの」とみなし、芸術家や作家は順応主義に与することなく、みずからの非人間的な声に耳を傾けるべきだ、と繰り返し要請する。(25) あらためて指摘するまでもなく、これはかれの前衛にたいする要請と完全に重なり合うものだ。「形式ばった弁証法や解釈学」にもとづく「人間主義」は、そうした内なる非人間性を性急に人間化し、体制に調

(21) I 10（三頁）。
(22) LE 9（五頁）。
(23) I 11（四頁）; LE 9（六頁）。
(24) I 11（四頁）。
(25) PE 30（二九頁）; TI 16（一〇頁）; I 10（二頁）。

和させようとする。[26] ゆえにこそ芸術家たちは、同じ非人間的な未決定性を、その体制への批判として機能させせねばならないのである。[27]
制度化されたもののなかに、困窮と未決定性を突きつけるあらゆるものは、大いなる脅威である。そして、理性的精神はそこにまさしく変調をきたす非人間的な力をみとめ、恐れを抱かずにはいられないのである。[28]

後期資本主義社会がわれわれにもたらす「非人間性」と、われわれ人間の根源的条件であるところの「非人間性」は、むろん根本的に性格を異にするものである。しかし先に見た「恐怖」という概念がそうであったように、リオタールの言説の特徴は、こうした両義性をしばしば意識的に用いるところにある。たとえば「恐怖」であれば、それは共同体から排除されるべきものであるのと同時に、「エクリチュールのなかで、その条件として課されねばならないものであった。[29] それと同様に「非人間性」もまた、外からわれわれに強いられるものに関しては排除されねばならないが、同時にそれは文学や芸術の条件として課されるべきものでもあるのだ。

繰り返しになるが、リオタールのこうした批判の手法はきわめて特異である。そして、この戦略がリオタールの哲学全体に通じる特徴であるとすれば、先に見た「崇高」をめぐるパラドクスも、より理解しやすいものとなるだろう。すなわち「崇高」は（1）「無限の富と力という〈理念〉によって統御されている」[30] 資本主義のなかにまずは見いだされるのであり、（2）資本主義と共犯関係にありながら、それを内から批判しうる前衛の営為のなかにも、同時に見いだされるのである。

そしてリオタールの語彙において、こうした両義性を孕んだ概念はこれだけではない。前章において「非物質的質料」に即しつつ取り上げてきた「非物質的なもの（l'immatériel）」もまた、実はそのひとつに数えられる。

3　非物質的なものたち

この「非物質的」という言葉の一方の含意については、すでに第三章で見ておいたとおりである。すなわちそれは、もっぱら「非物質的質料」という表現において用いられるような「非物質性」である。「非物質的質料」とは、物質的な「質料」に含まれながら、それ自体としてはけっして対象化されえない〈もの〉のことであった。一九八〇年代後半のテクストに登場するこの「非物質的質

（26）I 12（五頁）。
（27）このテーマについて一書をものしているステュアート・シムは、リオタールが『非人間的なもの』で述べている後者の「非人間性」をまったく考慮していないように見える。Stuart Sim, *Lyotard and the Inhuman*, Cambridge, Icon Books, 2001（ステュアート・シム『リオタールと非人間的なもの』加藤匠訳、岩波書店、二〇〇五年）。
（28）I 12-13（六頁）。
（29）MP 180（二五二頁）。
（30）I 116（一四一頁）。

料」は、「衝撃《ショック》の美学」としてのリオタールの崇高論の核心をなすものであり、それは構想力によって支えられる時間の継起を「一瞬」宙吊りにするものだとされていた。

他方、この「非物質的」という言葉についても、まったく異なるもうひとつの含意がある。ただし、それは哲学書として公にされたテクストのなかにではない。実のところリオタールは、一九八五年にジョルジュ・ポンピドゥー・センターで開催された「非物質的なものたち（Les Immatériaux）」――以後「非物質」展とも表記する――という展覧会に関わっている[31]。この展示がタイトルに掲げる「非物質的なもの」という言葉こそ、「非物質的質料」とは対極にあるもうひとつの「非物質性」である。

まずは「非物質的なものたち」の概要を確認しておきたい。一九八五年の三月二八日から七月一五日まで、約四ヶ月間にわたって開催されたこの展覧会は、当時のポンピドゥー・センターで行なわれた企画展のなかでも最大規模のものであり、フランスのみならず英米の美術界においてもすくなからぬ反響を呼んだ[32]。では、いったいいかなる理由から、この「非物質」展はそれほどの反響をもたらすに至ったのだろうか。この展覧会を実見した英語圏の人々のテクストをいくつか見ておこう。

二〇世紀フランスを中心とする大陸哲学・批評理論を専門とし、美術や建築にも造詣の深いジョン・ライクマン（一九四六―）は、かつて『オクトーバー』に寄せたリオタール論のなかで、この展覧会について次のように書いている。

当時においてこの展示は、ポンピドゥー・センターによって企画されたなかでも最大、かつもっとも莫大な予算がかけられたものであった。しかし、そのような「大きさ」は堂々たる記念碑的なものであるというより、むしろ混交性と異質性という「状況」を示すような、入り組んだスプロールの形態をとっていた。ごく簡潔にまとめられた図録があったにもかかわらず、そこには到底吸収し、要約しえないほどの「情報」が存在していた。むしろ、それは事態をより複雑にするための一助となっていたのである。さらにそれらの「データ」には一貫性がなく、むしろ奇妙で、シュルレアリスティックですらある並び、あるいは見たこともないパターンをかたちづくっていた。ここから、われわれは資本主義があらゆる事物を「平準化」するという——しばしば「機械的複製」というテーマとも結びつけられる——考えからは一定の距離をとることになった。むしろこの展示は、われわれが陥っている狂気に満ちた混乱そのものだったのである。[33]

(31) リオタールが共同編集した展覧会カタログの書誌情報は次の通り。Jean-François Lyotard et Thierry Chaput (eds.), *Les Immatériaux*, Paris, Centre Georges Pompidou, 1985. なお、当時の日本の雑誌では、美術家の山口勝弘が『美術手帖』にレヴューを寄せている。山口はその記事のなかでパリ・ビエンナーレとリオタールの「非物質」展を対比させながら、両者を紹介している。山口勝弘「新生パリ・ビエンナーレとリオタールの企画展に見るバランス・オヴ・パワー」『美術手帖』一九八五年八月号、一四〇—一四七頁。

(32) たとえば次のような記述を参照のこと。「この展覧会は、これまでに英語圏の美術界から、当たり障りのない、礼儀正しい寸評以上のものを引き起こしてきた」(Paul Crowther, "Les Immateriaux and the Postmodern Sublime," in Andrew Benjamin (ed.), *Judging Lyotard*, London; New York, Routledge, 1992, p. 192)。

(33) John Rajchman, "Jean-François Lyotard's Underground Aesthetics," *October*, no. 86 (Fall 1998), p. 15.

まず、ここで話題になっている「図録」について、若干の補足を行なっておこう。同展のカタログは図録とテクストの二巻本からなり、『アルバムと目録』と題された図録では「非物質的なものたち」で展示されていた作品が網羅的に収録されている。ただし「作品」といっても、それらの展示物のなかには、およそ美術作品には分類不能なオブジェや工業製品が数多く混在していた。これらを美術作品と等価な「データ」として収録していることからは、最終的にこの展覧会の方針を決定したリオタールの明らかな意図が感じられる。

なお、『エクリチュールのテスト』と題されたもう一冊は、さながら事典のような構成になっている(34)。そこではジャック・デリダやフィリップ・ラクー゠ラバルトをはじめとする二六人の共著者が、「身体」「記憶」「時間」といった七四の項目について、それぞれごく短いテクストを執筆している。このカタログにおいて興味深いのは、それぞれの執筆者が書いたテクストがのちに別の(複数の)人物に渡され、結果的に印刷されたテクスト上では複数の執筆者間の応酬がなされているという事実である。もちろん今日的な視点から見れば、こうした試みにさしたる新しさは感じられないかもしれない。だが、すくなくともこれが高度情報化社会の「知」のあり方にたいする一種の問題提起であり、一九八五年に実施されたこのプロジェクトそのものが、のちのインターネットの出現を控えた当時の気配を端的に示しているという点は認識しておく必要がある。

そのことを確認したうえで、ふたたび展示そのものに目をむけよう。次は、美学・芸術理論を専門とし、リオタールと同じくカントの「崇高」についての著書もあるポール・クラウザー(一九五三―)の文章である。

この迷宮にはひとつの決まった順路はない。来館者は遠隔制御されたヘッドフォンを身につけ、自由に動き回ることができる。そのヘッドフォンは、音楽、詩、文学、哲学、あるいは他の朗読のかたちをとって「注釈」を行う。そしてその注釈は、ひとつの区域から別の区域に移動するにつれて変化するのだ。(35)

ここでクラウザーが簡潔に記しているように、「非物質的なものたち」は、来館者にヘッドフォンを着用させ、展示空間における視覚的な要素と、ヘッドフォンから聞こえてくる聴覚的な要素を相関的に用いたオーディオ・ヴィジュアルな展覧会だった。しかもそこでは、ひとつひとつの作品は後景に退き、むしろ定まった順路をもたない会場自体がひとつの「作品」となるような、当時としては特異な展示設計であったことがうかがえる。

さらに付け加えるなら、後期資本主義社会における技術の進歩をテーマにした「非物質」展の主題は、ある意味でこの六年前に出版された『ポストモダンの条件』(一九七九)の延長線上にあると言うことができるだろう。というのも同展のカタログから確認しうるかぎり、そこに展示されてい

(34) 同カタログのタイトル(*Épreuves d'écriture*)は、ふつうに読めば「(著作物の)校正紙」のことである。ただし、本文で示したような内容に鑑みて、ここには「書くこと」の「試金石」という意味が込められているとみなし、「エクリチュールのテスト」という訳語を充てた。

(35) Paul Crowther, "Les Immateriaux and the Postmodern Sublime," *op. cit.*, p. 193.

た事物は、後期資本主義社会の「ポストモダン的状況」を喚起するものが大半であったからである。つまり「非物質的なものたち」は、リオタールが『ポストモダンの条件』において提起した同時代の状況の一断片を、美術展というかたちで提示したものだと言うことが可能である。

リオタールはそのような問題意識を、展覧会のタイトルである「非物質的なもの」という言葉に集約させている。そこにおいて「物質」をめぐる語彙は、じつに五つもの位相（maternité, matrice, matériau, matière, matériel）に区分されている。以上の五つを日本語に対応させれば、それぞれ「母体」「原型」「材料」「質料」「素材」といったほどの意味に相当するだろうが、いずれにせよそれらの差異は明快ではない。リオタールはこれら五つの言葉を用いながら、「非物質」展においてひとつの――そして決定的な――「ポストモダンの条件」を掲げている。すなわちそれは、われわれの周囲の事物や空間、さらには身体までもが「脱物質化」されていること、あるいは事物を産出する「母体」や「原型」、ないしそれらを形成する「材料」「質料」「素材」といったものまでもが、科学技術の発展によって次第に不可視になるか、分解され、通約可能なものになるかのいずれかの道をたどりつつある、ということである。つまりここでの「非物質性」とは、前章において見たような「質料の内なる非物質性」ではなく、「テクノロジーによるこの世界の脱物質化」をさすものなのだ。ジョン・ライクマンは「ポストモダンの美術館」というテクストにおいて、この「非物質性」という言葉を二つの意味で取る必要があると述べている。すなわちライクマンは、第一に「電子技術による人間の身体の剝奪」に、第二に「空間の非物質化」にリオタールが警鐘を鳴らしていると考えるのである。[36]その二つをはっきり分けることの是非はここでは問わないが、たしかにそのようなライクマンの読みは、リオタールがこの展覧会において提起した問題を正確に汲みとっていると言えるだろう。たとえば、リオタールはこの展覧会に関連して次のように語っている。

実体的な形容詞としての「人間的」という言葉は、科学技術が現在分断し共有している知識や介在の古い領域を指し示している。それらはここに、別の領野において分断され調査されたものと同一の（たとえそれらが一般的にはより複雑であろうとも）「非物質的なもの」を発見し、それらと協力しているのである。人間の皮質は電子的な領野と同じように「読まれ」る。すなわち、人間的な情動は、神経の自律的なシステムを通じて、複雑な科学組織のようなものにしたがって「操作され」るのだ。[37]

この発言からもうかがえるように、リオタールはまさしくここで、テクノロジーの進歩が可能にする「非物質化」のプロセスを——批判的に——告発しようとしている。テクノロジーは非有機的な物質のみならず、人間の身体をはじめとする有機物すらも分析可能な対象へと還元し、そのことによって「人間」という従来の単位を失墜させるにいたる。したがって、リオタールがこの展覧会

（36） John Rajchman, "The Postmodern Museum," *Philosophical Events: Essays on the 80's*, New York, Columbia University Press, 1991, p. 113.
（37） Jean-François Lyotard, "Les Immatériaux" (1985), trans. Paul Smith, in Reesa Greenberg, Bruce W. Ferguson and Sandy Nairne (eds.), *Thinking about Exhibitions*, London; New York, Routledge, 1996, p. 116.

のタイトルに掲げる「非物質的」という言葉は、急速な発展をつづける自然科学、ひいてはそれを駆動する資本主義社会が、われわれ人間の主体性をおびやかしつつあるという現状を象徴的に指し示すものにほかならない。

たったいま見たように、科学技術の発展、およびそれを駆動する後期資本主義社会のシステムは、われわれに馴染みのある物や空間を無限に解体していくことによって、それらをよそよそしく不気味なものへと変えてしまう。われわれの周囲に存在するあらゆるものをデータ化し、すべてを通約可能なものへと変換する力、言いかえれば、この世界を「非物質化する」最大の原動力こそ、資本主義という非人称的な運動にほかならない。

「恐怖」や「非人間性」と同じく、「非物質性」にもやはり両義的な意味が与えられていることは、ここまでの議論から明らかである。したがって、リオタールが「非物質的質料」という言葉を用いるさいにも、おそらくもうひとつの「非物質性」が念頭におかれていることを認識しておくべきだろう。「崇高以後、美学の状況」で論じられる「非物質的質料」は、作品における「ひびき」や「色合い」のような感覚的な問題に還元されてしまいがちだが、より広い文脈においてみれば、それは科学技術の進歩によって推し進められる「非物質化」と境を接する概念にほかならないということがわかる。

4　超越性への退却

ここまでを通じて、リオタールにおける「崇高」が、終わりなき運動としての資本主義と、そこから袂を分かとうとする前衛芸術の双方に適用されるものであることを明らかにしてきた。ここで論点をいまいちど整理しておこう。

1　リオタールのテクストには、比較的長い期間にまたがって、資本主義をめぐる議論が登場する。しかも、いっけん純粋に美学的な問題を扱っているかに見えるテクストにも、同様の問題意識は背後にたえず見え隠れする。

2　資本主義にたいして批判的な機能を果たしうる芸術実践一般を、リオタールは前衛と呼ぶ。このような前衛の営為は「崇高な」ものであるとされ、なおかつそれは、絵画、音楽、文学など、広義の芸術的創造を対象とする。

3　他方でリオタールは、当の資本主義（あるいは資本主義の美学）を「崇高な」ものとみなしている。なぜなら両者は、出来合いの規則に従うのではなく、「みずから規則をつくり出す」という点で共通するからである。

リオタールの崇高論をめぐる従来の議論には、ほとんどの場合、このいずれかの視点が抜け落ちている。もっとも表層的な読みかたにおいては、1や2の事実が留意されることなく、リオタールの議論はたんなる抽象絵画論と同一視されてしまう。またそれ以外のものについても、3で整理したような「崇高」の両義性を見逃しているものがほとんどである。とりわけ、政治運動からすでに遠く離れたかに見える八〇年代以後の著書でも、リオタールが美学を介して——あるいは美学を介することによってこそ——そうした問題意識を抱えつづけていたことは、今日にいたるまでほとんど見過ごされてきたと言わねばならない。

「恐怖」「非人間的なもの」「非物質的なもの」についての考察は、このような批判の手法が、リオタールの美学の根幹をなしているという事実を証し立てる。ただし、リオタール本人はこれらの概念の両義的な使用について、みずから説明を施してはいない。したがって、かれがこうした批判的戦略をとるにいたった理由についてては推測をめぐらせるほかないが、この問題についてては一九七〇年代のテクストに目をむけることによって、あるていど整合的な回答が得られるように思われる。すなわち、「あらゆる批判は、資本主義を乗り越えるどころか、それを強固なものにする」という発言に象徴されるような、現状認識がそれである。[38] 非人称的なシステムとしての資本主義は、みずからに差しむけられた批判すらも、たえずその内に取り込んでゆくだろう。それゆえ、資本主義を外から批判しようとしてもほとんど無意味であり、かりにそのような批判が可能であるとしたら、あくまでもその内にとどまりながら、資本主義そのものに通約不可能なものを見いだすという作業が不可欠となる。このリオタールの戦略を、資本主義経済にたいする「擬態的順応」と名指すこともできよう。[39] 「崇高」や「非物質的質料」について論じるとき、リオタールはかならずしも狭義の「美学」について思考していたわけではなかった。作品のもつ「出来事」としての性格を論じるときでさえ、リオタールはその「出来事」ないし「生起」を、資本主義が追い求める「新しさ」の擬態であるとみなしていたのである。たとえば次のようなしかたで――

あらゆる市場と同じく、新しいものという規則にしたがう芸術の市場は、芸術家たちにある種の誘惑を行使することができると思われている。そのような魅惑は、たんに堕落のみに帰せられるものではない。その魅惑は、技術変革と生起［*Ereignis*］とのあいだの混同、つまり、現代の資本主義に特有の時間性が保持している混同のおかげで行使されるのだ。[40]

＊

本書は、ここまで「崇高」と「資本主義」を両輪としながらリオタールのテクストを読んできた。ところで、こうしたリオタールの美学を思想史的に見るならば、当然それはマルクス主義の流れに位置づけられるだろう。実際、リオタールの美学と大いに通じるところがあるアドルノやグリーン

（38） DMF 16（二二頁）。
（39） 括弧内の表現は Pierre V. Zima, *La Négation esthétique. Le Sujet, le beau et le sublime de Mallarmé et Valéry à Adorno et Lyotard*, Paris, L'Harmattan, 2002, p. 191 による――「「資本主義のなかに崇高なものが存在する」とリオタールは述べている。しかし、前衛芸術すなわちポストモダンの芸術に「呈示不可能なもの」を表象するように求めることで、リオタールは結局のところ、彼が立ちむかおうとする敵の原理に対して、擬態的に順応することを要求しているのである」。
（40） I 117（一四二頁）。

バーグもまた、マルクス主義の伝統に連なる思想家・批評家であったことを忘れてはならない。そのように考えたとき、芸術を通じて資本主義の批判を試みるリオタールの美学＝政治的思索そのものを、まったくオリジナルなものと見なすことはできない。むしろ、芸術を特権視し、文化産業を貶める立場に見え隠れするように、リオタールの美学には時に素朴かつ保守的な部分がすくなからず存在する。

ここまで本書では、一九七〇年代から九〇年代にかけてのリオタールのテクストに見られる一貫性に注目しながら、議論を進めてきた。だが、あえてその変遷のほうに目をむけるなら、のちのリオタールはそれ以前に比べて確実に「保守化」へと歩みを進めている。晩年の二冊のマルロー論や湾岸戦争をめぐってそうした意見を述べるむきもあるが、ここでは後者のような政治的発言には立ち入らない(41)。しかし、ここまで論じてきたような諸概念の両義性をめぐって、八〇年代末から九〇年代にかけてのテクストには、あるはっきりとした変節を見いだすことができる。そのことを最後に述べておこう。

リオタールの崇高論は、それが前衛芸術と資本主義という二者の共犯関係を浮き彫りにしている点にこそ、その最大の意義がある。資本主義の運動は、われわれを「非人間化」し「非物質化」していく「崇高な」対象であるいっぽう、たえず新しさを求めるみずからの宿命により、前衛のような存在を絶え間なく生み出していくことを避けられない。本書でもたびたび参照してきた「崇高と前衛」は、そのようなリオタールのラディカルさがもっともはっきり見てとれるテクストのひとつである。資本主義は、その「非人間化」や「非物質化」の力によってわれわれをおびやかす一方で、芸術という「非人間的なもの」、ないし質料という「非物質的なもの」の力によって批判される可能性をつねに蔵している。リオタールがこれらの概念の両義性に託していたのは、「敵」の武器を用いることではじめて可能になるような、ある特異な批判性のモメントにほかならなかった。だがはたしてリオタールは、この立場を最後まで堅持しつづけることができたのだろうか。確言はできないが、それらのひとつである「非人間性」について言えば、一九八八年の時点でリオタールは二つの「非人間性」を厳密に分けるようになる。その決定的な一節を見よう。

（とりわけ）発展という名のもとで強固となりつつあるシステムの非人間性は、きわめて内密な、魂を捕らえている非人間性と混同されてはならない。わたしがそうだったように、前者が後者と交換可能であり、前者が後者の表現をもたらす、と信じることは誤りである。[42]

ここで述べられているように、リオタールはかつて、資本主義経済の「非人間性」が、人間の魂を捕らえている「非人間性」、およびそこからもたらされる表現と結びつくと考えていた。すくなくとも、七〇年代前半に書かれた『漂流』や『リビドー経済』にはいまだそうした発想を見てとる

（41） Jean-François Lyotard, *Signé Malraux*, Paris, Grasset, 1996 ; *Chambre sourde*, Paris, Galilée, 1998（『聞こえない部屋――マルローの反美学』北山研二訳、水声社、二〇〇二年）。湾岸戦争をめぐる顛末については次を参照のこと。松葉祥一「リオタールは「転向」したか？」『現代思想』第二六巻七号、青土社、一九九八年、二八－三〇頁。

（42） I 10（三頁）、強調引用者。

ことができる。だが、リオタールは『非人間的なもの』を著すさいに、同書の序文においてそれとは異なる立場を表明する。いちどは同じ回路によって結ばれた二つの「非人間性」を、のちのリオタールが厳密に隔てるにいたったことは、やはり見過ごすことのできない事実である。また、はじめは「美」の概念とは対極にあるとされた「崇高」についても、九〇年代になるとにわかに「美」との相違が放棄される。「音楽、無言」（一九九三）には次のようにある。

超越性——美的なものであろうと崇高なものであろうと、どちらでもいい。その違いは作品上では分けられない——、作品の超越性はそこに、感覚のなかでいつも覆われているその不安定さを呼び覚ますことのうちに見いだされる。超越性は、しかるべき悲嘆の内在性に由来するのである。[43]

同じ「崇高」という言葉を資本主義と前衛芸術の双方に適用し、そこに積極的な「共犯性」を見いだす議論は、ここにはもはや見られない。それどころか、作品そのものに何がしかの超越性を見る立場こそ、かつてリオタールがきびしく批判したものではなかったか。かくして「非人間性」は二つに分かたれ、「崇高」は「美」とともに作品の超越性へと帰される。資本主義がみずからの「敵」をその内に宿しているという図式は、ここにおいて放棄されていると言わねばならないのだろうか。

＊

ここまで、われわれはリオタールの崇高論を、もっぱら資本主義との関連において考察してきた。もちろん一方で、かれの崇高論は、カントの『判断力批判』という古典への準拠なしには存在しえなかったものである。だが、同時にバークの『崇高と美の観念の起源』をもうひとつの源泉とするリオタールの崇高論は、カント美学の「正嫡」ではまったくない[44]。そして、その概念としての一貫性、および理論的な整合性についてはしばしば問題が指摘されるものの、すくなくとも資本主義にむけられた批判意識において、リオタールの崇高論は時代を越えた一貫性を保持していると考えられる。

大衆の「趣味」が商業的な原理によって規定されてしまうことに危機を感じたリオタールは、八〇年代前半に、前衛の使命を「崇高なるものの探求」に見いだすことになる。この「崇高」という概念が用いられはじめた当初のテクストでは、カントの崇高論における「快でもあり不快でもある」という性格が最大限に強調されていた。そして前衛の芸術家たちは、大衆の望む「美」ではな

（43） MP 198（二八〇頁）、強調引用者。

（44） 第一章で論じたように、カントの理論に忠実にしたがうならば、「崇高な芸術」というのはそもそもありえない。しかし、それを理由にリオタールの崇高論を切り捨ててしまおうとするのだとしたら、それはたんなる「カント主義」にほかなるまい。リオタールがカントの崇高論のいかなる部分を受け継ぎ、いかなる点でそれに背いているのかという点こそ厳密に検証されるべきであり、本書もまたそうした立場をとるものである。なお、「崇高」と「芸術」の関係をめぐって、リオタールがカントの崇高論をいかに芸術論へと「読み替えた」のかという点について説得的に論じているのは、管見では前出のジャック・ランシエールのみである。Jacques Rancière, « Lyotard et l'esthétique du sublime. Une contre-lecture de Kant », *Malaise dans l'esthétique*, Paris, Galilée, p. 121.

く、むしろ「快と苦の内的な結合」である「崇高」をもたらすべきだ、という主張が繰り返し述べられることになる。こうした問題意識から出発したリオタールの崇高論は、広義の芸術的創造へと開かれたものであり、それは抽象表現主義をはじめとする一部の様式を積極的に評価するための操作概念にとどまるものではない。

同時に、「呈示不可能なものの（否定的）呈示」として定式化される「崇高」は、『文の抗争』で主題化される「証言不可能なものの証言」という問題とも密接に関わっている。つまりリオタールにおける「崇高」は、当初から美学の概念としてのみ構想されていたわけではなく、呈示ないし証言不可能なものを「暗示」するという、政治＝倫理的問題へと開かれていた。しかし第二章の後半で論じたように、全体化の原理である「弁証法」を批判するために導入された「呈示不可能性」や「証言不可能性」というこれら一連の概念が、当の「弁証法」をめぐってある決定的なアポリアに行き着いてしまうこともまた否定できない。つまり「呈示不可能なもの」という概念を用いることによって、逆説的にも、リオタールはその弁証法を誇張的に強化してしまっているのである。

そこで第三章では、リオタールの崇高論に「呈示不可能なものの呈示」に依拠しない、もうひとつの「崇高」概念が存在することを明らかにした。ニューマンの絵画がもたらす「崇高な」感情は、「呈示不可能なもの」ではなく、「呈示＝現前」そのものによって惹起される。リオタールによれば、ニューマンの絵画にかぎらず、質料の「呈示＝現前」による衝撃《ショック》は、われわれの構想力を「一瞬」宙吊りにする。そのことにより、構想力によって総合されている継起的な時間の流れから、われわれは「一瞬」逃れ去ることが可能だとされるのである。つまり、ほぼ同じ時期（一九八〇年代半ば）

に、リオタールは前衛芸術にたいして用いた「崇高」とはまったく異なる定義を、ニューマンの絵画および「非物質的質料」に即して提示していることになる。なるほど、ここにはたしかに「崇高」概念をめぐる曖昧さが見いだされる。しかし「時間」の問題に結びつけられた後者の崇高論においても、資本主義をめぐるモティーフが明らかに見てとれることから、この主題がリオタールのなかで切実なものであったという事実が、かえって浮き彫りになっているとも言える。

そして第四章では、「崇高」という言葉がしばしば資本主義そのものにも用いられているという事実を指摘し、リオタールが前衛芸術と資本主義とのあいだに一種の「共犯関係」を見いだしていることを明らかにした。芸術家たちによる新たな表現の探求が、つねに新しさを求める資本主義の原理によって駆動されていると指摘するリオタールは、この事実をむしろ積極的に捉える。すなわち、芸術は資本主義と共犯関係にあるからこそ、それを内在的なしかたで撃つことが可能になる。そして、「崇高」と同じく「非物質的なもの」や「非人間的なもの」といった概念群もまた、資本主義そのもののなかに批判的契機を見いだすという独特な戦略ゆえに、いずれも両義的な意味を付与されることになった。しかしその一方で、リオタールがこのような批判的戦略を最後まで保持しえていたのかという疑問に対しては、おそらく否定文で答えざるをえない。

かくしてわれわれは、資本主義をめぐるその錯綜した議論を、リオタールの複数の崇高論の背後から浮かびあがらせてきた。ここまでの見通しをふまえて、本書の後半では、いくぶん異なる課題に取り組むことにしたい。それは、ここまで論じてきたようなリオタール思想の核心が、のちにどのようなかたちで継承されるにいたったかを示すことである。

もちろんそれは、たんにリオタールから後続する人々への影響を精査するものではない。つづく第五章、第六章において見るように、リオタールが残したいくつかのテクスト（やそれ以外のもの）のなかには、長きにわたり等閑視されながら、その数十年後に突如として注目を集めはじめたものがある。ここからの章では、相対的に知られざるままにとどまってきた数篇のテクストを読みながら、二一世紀の「現代思想」にも通じるいくつかのトピックをめぐって議論を続けることにしたい。

第Ⅱ部

第五章

非人間化への抵抗

1　リオタールと「非物質」展

本章で論じるのは、一九八〇年代半ばに行なわれたひとつの展覧会である。だがその内容に入るに先立って、これまでの章で見てきたリオタールの芸術論と、いまわれわれが目の前にしている現状の距離をはかるところから、まずは本章の議論を始めることにしたい。

リオタールは同時代の芸術を論じるにあたり、いつであれ商業主義への警戒を隠すことはなかった。とはいえ、作家や理論家によるこうした姿勢はけっして珍しいものではないだろう。今日でも、芸術が陰に陽に「反資本主義的な」テーマを掲げるのはごく一般的なことである。ただしそこでは、しばしば次のような非一貫性が指摘されることに留意すべきである。すなわち、世界各地の美術館や芸術祭で展示される作品のなかには、「資本主義によるさまざまな搾取を告発し、反資本主義的なテーマを探求している」ものがしばしば見られる。しかしその実態に目をむけてみると、同じアーティストたちの多くが、意識的にか無意識的にか、「新自由主義的なイデオロギーを支持している」ように見えることが珍しくない——あるアーティストはそのように指摘する。

［……］美術界は概して、芸術の価値がその社会的ないし経済的なインパクトにあると信じている。

これらは新自由主義的価値観の内面化として記述しうるものであり、美術界で新たに発展を遂げつつある思想であり価値観である。これらは一九九〇年代半ばに（ロンドンにおいて）公然のものとなったように思われる。[1]

ここで「一九九〇年代半ば」の「ロンドン」とあるのは、まさにこの間、サーチ・ギャラリーという画廊の支援のもと、まだ二〇代前半のアーティストたちが商業的に大きな成功を収めたという事実があるからである。ヤング・ブリティッシュ・アーティスト（YBAs）と呼ばれるこの一群のアーティストたちは、ここで記述されているように、具体的な作品内容のレベルにおいてではなく、むしろその活動形態において、新自由主義的価値観の申し子とみなされることが珍しくない。

そしてもちろん、こうした趨勢は「一九九〇年代半ばのロンドン」だけに見られるものではない。現代の芸術はもはや現実にたいする批判的機能を失った、すべては新自由主義的な価値観に覆い尽くされた——という悲観的な現状認識はいたるところに見いだされる。というより、そうした意識がすでに全般的なものになったがゆえに、そのような悲嘆すらほとんど聞こえてこないというのが現状ではないだろうか。政治哲学者のシャンタル・ムフ（一九四三－）は、こうした現状を「美学の勝利」と「芸術の敗北」という言い回しによって説明している。

（1） Alana Jelinek, *This Is Not Art: Activism and Other 'Not-Art'*, London, I. B. Tauris, 2013, p. 21.

あらゆる批判的な身振りが支配的な力にすぐさま回収され、無効にされるような社会において、芸術的ないし文化的実践は、いまだ批判的な役目を担うことができるだろうか——こうした問いがますます頻繁に投げかけられているが、その答えについての合意はいっさい存在しない。多くの人々が論じるところによれば、この消費社会では美学があらゆる領域で勝利を収めたが、その勝利の結果としてもたらされたのは、快楽主義的な文化の創造であった。そしてそこには、芸術が真に転覆的な経験をもたらす余地はもはやない[2]。

ここまでリオタールとともに見てきたように、そもそも二〇世紀の美術は、いつであれ資本主義への抵抗、およびそれと表裏一体をなす共犯関係とともにあった。ゆえに当の資本主義が姿を変えれば、それにたいする抵抗の形式も、そして共犯関係の形式も、おのずと変わらざるをえない——そのこともまた、あまりに明らかであるように思われる。この話題において例外なく参照されるアドルノの「文化産業」にたいする懸念もまた、かつてと今とではその含意を大きく変える。同じくムフによれば、

事実、文化産業の全地球的《グローバル》な成長について考察する一部の理論家たちは、アドルノとホルクハイマーの最悪の夢が現実のものになったと言う。象徴の生産こそ今日の資本主義の枢要な目的であり、さまざまなクリエイティヴ産業の発展を通じて、個人はいまや完全に資本の支配のもとにある。消費者のみならず文化生産者までもが、メディアおよびエンターテインメント企業に支配さ

れた文化産業の完全なる虜となった。かれらは資本主義のシステムの受動的な効果へと変容したのである。[3]

知られるように、アドルノとホルクハイマーの『啓蒙の弁証法』（一九四七）では、いまや「全世界が文化産業のフィルターを通じて統率」されたことにより、[4] そこに「投資された全資本が勝利する（Triumph des investierten Kapitals）」という結果が――いまから半世紀以上前に――すでに宣言されていたのだった。[5] とはいえ、二〇世紀半ばにおけるこうした文句は、いまだ誇張的なトーンを帯びたひとつの「挑発」にすぎなかったとも言える。[6] いずれにしても、アドルノとホルクハイマーが

（2） Chantal Mouffe, "Cultural Workers as Organic Intellectuals" (2008), in Zoya Kocur and Simon Leung (eds.), *Theory in Contemporary Art since 1985*, 2nd edition, New Jersey, Wiley-Blackwell, 2012, p. 299.

（3） *Ibid.*

（4） Max Horkheimer und Theodor W. Adorno, *Dialektik der Aufklärung: Philosophische Fragmente* (1947), Frankfurt am Main, Suhrkamp, 1981, S. 147（マックス・ホルクハイマー／テオドール・W・アドルノ『啓蒙の弁証法――哲学的断想』徳永恂訳、岩波書店、二〇〇七年、二六二頁）。

（5） *Ibid.*, S. 145（同前、二五八頁）。

（6） これについては、竹峰義和による次のような指摘を参照のこと。「アドルノは、「精神分析では、その誇張された面だけが真理である」と述べているが、彼自身の文化産業論にたいしても同様のことが指摘できるだろう。［……］要するに、ここでアドルノが独特の文体で綴られたおのれのテクストを介しておこなっているのは、読者に対する挑発行為なのであり、それに躍起になって反論すればするほど、そこで遂行されている挑発に見事に乗せられてしまったという事実を、みずから証し立てることとなる」（竹峰義和『救済のメーディウム――ベンヤミン、アドルノ、クルーゲ』東京大学出版会、二〇一六年、二九〇－二九一頁）。

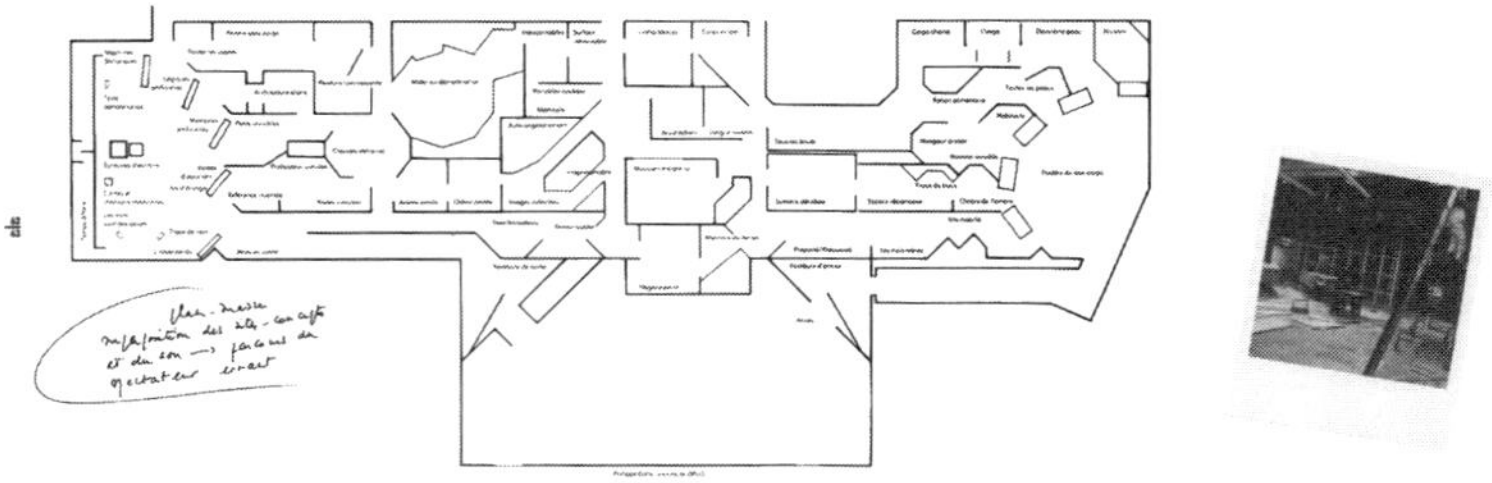

［図 1］Jean-François Lyotard et Thierry Chaput (eds.), *Les Immatériaux. Album*, Paris, Centre Georges Pompidou, 1985.

『啓蒙の弁証法』を書いていた当時の経済システムと、今日のそれとのあいだにはそれなりに大きな隔たりがある。それを悲観的に捉えるにせよ、あるいは楽観的に捉えるにせよ、はじめからこの隔たりを無視することは適切ではないだろう(7)。

リオタールが「崇高」をはじめとする諸概念にもとづき、みずからの美学的＝政治的思索を練り上げていたのは一九八〇年代のことだった。それはもはや、『啓蒙の弁証法』が書かれた一九四〇年代とは異なる時代である。とりわけ、当時出現しつつあった新たなテクノロジーを前にして、リオタールはいったい何を考えていたのか。そうした問題関心から、第四章で話題にした「非物質的なものたち」という展覧会について、本章ではより詳細な考察を加えていくことにしたい。

ここからは「非物質」展の概要をあらためて振り返りつつ、一九七九年の『ポストモダンの条件』との連続性にも注目しながら、この展覧会について論じていくことにしよう。

＊

前章で見たように、一九八五年にジョルジュ・ポンピドゥー・センターで開催された「非物質的なものたち」は、同館の五階を丸ごと使った大規模な展示として、北米やヨーロッパを中心に大きな注目を集めた[8]。記録によれば、そこでは最先端の工業製品やロボット、および絵画、彫刻、写真などが約六〇の「サイト（site）」と呼ばれる区画に沿って展示された。そして、鑑賞者は入口で渡されたヘッドフォンと無線レシーバーを身につけながら、音楽や詩・文学・哲学の朗読とともに、順路のない「サイト」を歩き回るよう求められたという[9]［図1］。

ただし、その「サイト」の俯瞰図を一瞥してみれば明らかであるように、その空間構成は、通常の展覧会に見られるような「テーマ」による分類からはほど遠いものであった。それぞれの「サイト」にはごく抽象的な言葉が並び（たとえば「天使」「第二の皮膚」「時間という貨幣」）、そこに展示されているオブジェも、はたして美術作品であるのか工業製品であるのか、一見するだけでは判然としない（なかにはドイツの株式市場や日本のカプセルホテルの写真が「展示」されていたりもする）。さらにヘッドフォンから聞こえてくる音は、それに明快な説明を与えてくれるどころか、たえず移り変わる音

（7）この「楽観的な」見通しをもつ理論家たちの思考様態を、シャンタル・ムフは次のように説明している。「たとえば一部の理論家が言うには、当時のフォーディズム・モデルにもとづいていたアドルノとホルクハイマーの分析は、現下のポストフォーディズムにおける資本主義の管理モデルにおいて支配的となった、新たな生産形態を分析するためのいかなる有益な指針ももたらすことはない。かれらはこの新たな生産形態を、解放のプロジェクトをふたたび活性化するための新たな抵抗のモードを創造するものと見ており、そこでは芸術実践が決定的な貢献をなしうるだろうと考えている」（Chantal Mouffe, "Cultural Workers as Organic Intellectuals," *op. cit.*, p. 299）。

（8）John Rajchman, "Jean-François Lyotard's Underground Aesthetics," *October*, no. 86 (Fall 1998), p. 15.

（9）Paul Crowther, "Les Immatériaux and the Postmodern Sublime," in Andrew Benjamin (ed.), *Judging Lyotard*, London; New York, Routledge, 1992, p. 193.

楽やテクストの朗読によって、鑑賞者をさらなる混沌に陥れることになった。そのような極端なまでの異種混淆性は、独立したリーフレットの集合という体裁をとった『アルバムと目録（*Album et inventaire*）』において、よりいっそう強固なものとされている。[10]

他方、『アルバムと目録』と一対をなすもうひとつのカタログ――『エクリチュールのテスト（*Epreuves d'écriture*）』――は、さながら小さな辞典のような奇妙なテクストだ。同書は、ジャック・デリダ、フィリップ・ラクー＝ラバルト、イザベル・スタンジェールをはじめとする二六名の面々が、「鏡」「記憶」「欲望」といった計七四の項目について、それぞれ執筆したテクストの集積からなる。とはいえ、こちらに関して重要なのは、その内容ではなく成立経緯のほうである。カタログに記載された説明によれば、『エクリチュールのテスト』は、オリヴェッティ・フランスより貸し出された最新型のコンピューターを駆使し、次のような手順で完成をみた――すなわち、「各人〔＝二六名の著者〕は自宅に、CPU、モニター、読み書きのできるフロッピーディスク、PTTの通信ユニットを備えたオリヴェッティM20を用意する。他方、ジョルジュ・ポンピドゥー・センターではオリヴェッティM24が「著者たち」の通話に応じる（最大で三回線の同時通信が可能）。著者たちはそこに自分のテクストを送ることを求められ、そこから同輩のテクストを受け取ることもできる。大容量のディスクに収められた中央記録デバイスは、約五〇の単語と、それに付されたすべての註を保存する[11]」。

こうして概要を書き出してみるだけでも、「非物質的なものたち」が――内容の賛否はともかく――その形式において、ある種の新奇性とともに受け入れられたということは想像に難くない。だが、おそらくその同時代的な新しさゆえにこそ、「哲学者」リオタールが展示企画に携わり、その後のフランスにおける同様の試みにいち早く先鞭をつけた「非物質」展の意義は、それから久しく顧みられることはなかった[12]。前段落で見た『エクリチュールのテスト』にかんする説明文からは、当時の最新技術にたいする誇らしげなトーン――「最大で三回線の同時通信が可能」「約五〇の単語とそれに付されたすべての註を保存する」――を読み取ることができるが、もはや当時とは比べものにならない水準の情報ネットワークに晒された今日のわれわれからすれば、そのような「誇らしげな」パッセージは、むしろ滑稽な印象しかもたらさない。

そうしたなか、「非物質的なものたち」からちょうど三〇年後にあたる二〇一四年から一五年に

（10）日本語による「非物質的なものたち」の基本データについては、本章末の「附録」を参照のこと。なおこれらの基本データは、ほぼ同内容のものをオンラインでも参照できるようにしてある。星野太「誰が「非物質化」を恐れているのか――リオタールとLes Immatériaux」(https://www.academia.edu/13669920/)。同資料は、表象文化論学会第一〇回大会（二〇一五年七月五日、早稲田大学）における研究発表パネル「今日のLes immatériaux」（発表：奥本素子、原島大輔、星野太、司会：門林岳史、コメンテーター：小林康夫）で配布したハンドアウトを改訂したものである。

（11）Jean-François Lyotard et Thierry Chaput (eds.), *Les Immatériaux. Epreuves d'écriture*, Paris, Centre Pompidou, 1985, p. 6.

（12）フランスを中心に、ヨーロッパにおいて哲学者が企画に携わった美術展が目立つようになるのは一九九〇年以後のことである。代表的なものとしては、「盲者の記憶」（デリダ、一九九〇‐九一年）、「斬首の光景」（クリステヴァ、一九九八年）、「イコノクラッシュ」（ラトゥール、二〇〇二年）、「デッサンにおける歓び」（ナンシー、二〇〇七‐〇八年）などが挙げられるが、リオタールの「非物質的なものたち」はこうした流れにいち早く先鞭をつけたものである。同様の指摘はさまざまなところでなされているが、たとえば次を参照のこと。Hans Ulrich Obrist, *Ways of Curating*, New York, Faber and Faber, 2014, pp. 159-160（ハンス・ウルリッヒ・オブリスト『キュレーションの方法』中野勉訳、河出書房新社、二〇一八年、二二二頁）。

かけて、この展覧会を回顧する動きが各地で一斉に生じたことは、ある意味で興味深い徴候である。パリ、ロンドン、リューネブルクなどで行なわれたいくつかのシンポジウムのテーマが示すように、科学・芸術・情報の関係をいち早く俎上に載せた「非物質」展の意義は、前世紀の終わりからますます加速しつつある「芸術」と「科学」の交錯、あるいは「生命」と「情報」の交錯という観点から、今日あらためて見なおされつつある段階にある。[13] ごく雑駁な言いかたをしてしまえば、サイエンス・フィクションじみた傾きをいささか強くもつ「非物質」展の予言的なポテンシャルは、三〇年という時間を経て、ようやく本格的な評価の時を迎えたのだろう。

本章の課題は、「非物質的なものたち」で提示された新たな「人間」の姿、より具体的に言えば、二〇世紀後半の技術によって変異を遂げつつあった「人間」の姿を、リオタールがいかなるしかたで着想していたのかを明らかにすることにある。そのために、ここからは一九七〇年代後半からリオタールが関心を寄せていた「非人間（的なもの）」や「非物質（的なもの）」をめぐる議論を振り返りつつ、当時まさに生じつつあった「人間」の変容をめぐって、リオタールが練り上げていった理論的戦略を追跡することがめざされる。とはいえむろん、それはたんに回顧的な視線のもとでなされる作業ではない。むしろ、リオタールの思想が視聴覚的に展開された場としての「非物質」展が注目を集める昨今の状況において、いわゆる「非人間的転回（nonhuman turn）」やその隣接分野ともすくなからぬ関心を共有するその思想を、ふたたび現代に接続すること――それが、本章を駆動するもっとも重要なプログラムである。[14]

2　情報の結び目としての人間

前節でその概要を見た「非物質的なものたち」の関連文書によれば、当時ポンピドゥー・センターの下部組織であった産業創造センター（CCI）がリオタールに展示への参画を要請したのは一九八三年のことだった。この展覧会に出品したアーティストのジャン＝ルイ・ボワシエ（一九四五－）が証言するように、「非物質」展のためのリサーチは八一年から進められており、ティエリー・シャピュを中心とするCCIのメンバーの働きによって、八三年の段階ですでにほとんどの展示作品が出揃っていた。リオタールがCCIに招聘されたのは、それらを束ねる包括的なテーマの不在のために、ちょうど展覧会の実現が危ぶまれつつあった時期のことであった。ゆえに、この展覧会のすべてをリオタールの仕事に帰することは慎まねばならないが、現存する複数の文書や書簡に依拠するかぎり、すくなくともタイトルやキーワードをはじめとする概念的な部分につい

（13）　そのうち代表的なものを列挙する。（1）「『非物質的なものたち』から三〇年後――科学、芸術、理論」（*30 Years after Les Immatériaux: Science, Art, and Theory*, Centre for Digital Cultures, Lüneburg, May 21 and 22, 2014）、（2）「『非物質的なものたち』――潜在的なものへ、ジャン＝フランソワ・リオタールとともに」（*Les Immatériaux: Towards the Virtual with Jean-François Lyotard*, The Courtauld Institute of Art, London, March 27 and 28, 2015）、（3）「『非物質的なものたち』、三〇年後に」（*Les immatériaux, trente ans après*, Centre Georges Pompidou, Paris, 27 novembre, 2015）。

（14）　*Cf.* Richard Grusin (ed.), *The Nonhuman Turn*, Minneapolis, University of Minnesota Press, 2015; Levi Bryant, Graham Harman and Nick Srnicek (eds.), *The Speculative Turn: Continental Materialism and Realism*, Melbourne, Re.Press, 2011.　なお、本章では一九八〇年代の「非物質性」――たとえば「非物質的質料」に含まれるそれ（本書第三章を参照のこと）――をめぐる議論を繰り返すことはせず、もうひとつの「非人間性」をめぐる議論に専念する。

ては、リオタールが全面的にその責を負ったと考えて差し支えないように思われる。(15)

したがって本章でも、一つひとつの展示物ではなく、あくまでもそれらを束ねる理論的な「テクスト」に照準を絞りながら、そこに見られるリオタールの問題意識を抽出していくことになるだろう。しばしば指摘されるように、「非物質」展と、それにまつわるリオタールのテクストには、その六年前に発表され、大きな話題を呼んだ『ポストモダンの条件』の反響が見てとれる。(16) それどころか、両者の構想を突き合わせてみれば、「非物質的なものたち」は『ポストモダンの条件』における「報告」――同書の副題は「知についての報告書」である――を具体的に提示してみせたものだとすら言えるだろう。そもそも同書は、「情報化社会における知」という冒頭の章題が示すように、現代の情報化社会における「知」の変容を初発の動機とするものだった。そこでリオタールは、「言葉」や「情報」を取り扱うさまざまな「技術変革」に触れながら、今日では馴染みの光景になった「知の変容」について、次のような見通しを提示している。

これらの技術変革が知に与える影響は、相当なものであるはずだ。とりわけ、研究と知識の伝達という知の二大機能はすでに強い影響を受けており、そしてこれからも受けつづけるだろう。第一の点にかんする、素人でもわかりやすい例は遺伝学だろうが、その理論的なパラダイムはサイバネティクスに由来する。そのほかにもさまざまな事例がある。第二の点にかんしては、今日すでに、さまざまなデバイスの規格化、軽量化、商品化によって、知識の習得、分類、提供、検索などの操作が大幅に変わりつつあることは周知の通りだ。過去に、まず人間の流通手段の拡大

(交通)、次に音と映像の流通手段の拡大(メディア)によってもたらされたのと同じような大きな変化を、今度は情報機器の多様化によって知の流通は蒙っているし、今後もさらに蒙るだろう——そのように考えるのは正当なことである。[17]

この一節が伝えるような「知の変容」をめぐる洞察——それは今から振り返ってみてもおおむね正しいように思われる——は、前述の「非物質」展にもほぼそのまま引き継がれている。なぜならそこで示されているのは、現在進行しつつある世界の「非物質化」が、まず何よりも「情報(技術)」の水準において引き起こされており、昨今の趨勢を見るかぎり、今後それはますます加速していくだろうという見通しであるからだ。現代における「非-物質的なもの(im-matériaux)」の探求を主題に掲げる同展の中心に横たわっているのは、第一に「情報」の問題なのだ。

そのことは、展示コンセプトにおいて中心的な地位を占める五つの語彙——それらを厳密に訳し

(15) Jean-Louis Boissier, "The Production of Les Immatériaux," in Yuk Hui and Andreas Broeckmann (eds.), *30 Years After Les Immatériaux: Art, Science and Theory*, Lüneburg, meson press, 2015, pp. 93-107.「非物質」展にかかわる資料はすべてポンピドゥー・センターのアーカイヴに所蔵されているが、さしあたりここでは公に刊行されたものを中心に話を進める。リオタールが同展のキュレーションを委嘱されるまでの詳細な経緯については、おもに次の論文を参照のこと。Antony Hudek, "From Over- to Sub-Exposure: The Anamnesis of Les Immatériaux" (2009), in Yuk Hui and Andreas Broeckmann (eds.), *30 Years After Les Immatériaux*, *op. cit.*, pp. 71-91.

(16) Yuk Hui and Andreas Broeckmann "Introduction," in Yuk Hui and Andreas Broeckmann (eds.), *30 Years After Les Immatériaux*, *op. cit.*, p. 9.

(17) CP 12(一四-一五頁)。

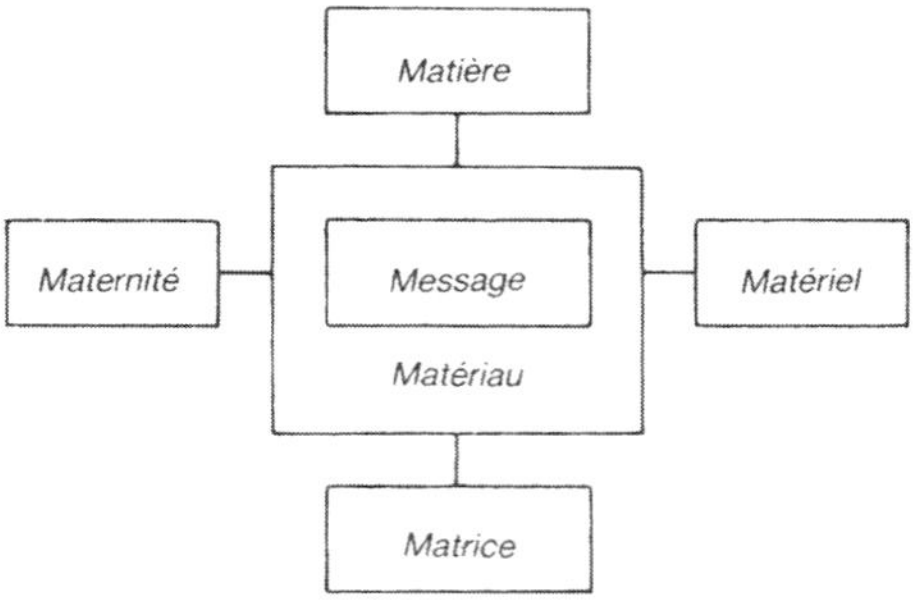

［図 2］Jean-François Lyotard et Thierry Chaput (eds.), *Les Immatériaux. Album*, Paris, Centre Georges Pompidou, 1985.

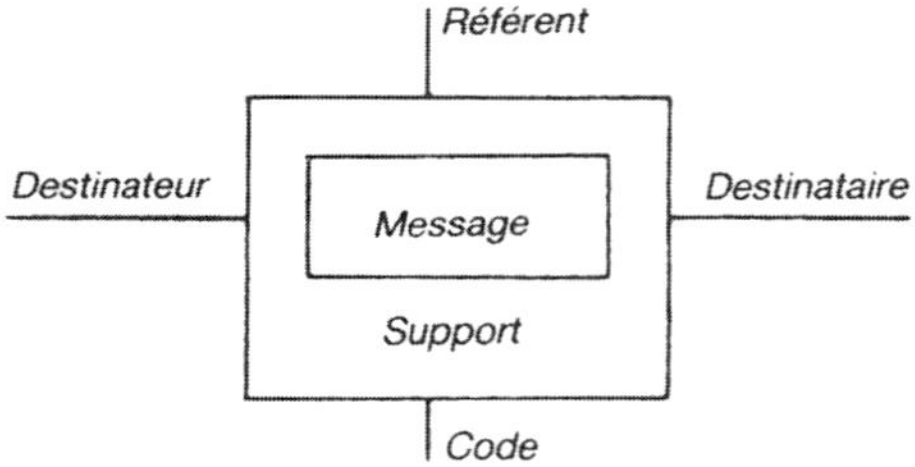

［図 3］Jean-François Lyotard et Thierry Chaput (eds.), *Les Immatériaux. Album*, Paris, Centre Georges Pompidou, 1985.

分けることはほとんど不可能だが、あえて試みれば母体（maternité）、原型（matrice）、材料（matériau）、質料（matière）、素材（matériel）となるだろう——にも明瞭に反映されている。広義の「物質」に関連するこれら五つの概念は、芸術理論においてしばしば前提とされるような「物質／形式」（ないし「質料／形相」）の二元論ではなく、意外なことにも、コミュニケーション理論のモデルによって図式化されている（ゆえにここでは、これら五つの概念の意味内容をめぐる差異が問題になっているのではない）。リオタールが残したダイアグラムにおいて、これらの概念は、「メッセージ」を中心に置く十字型のモデル上に配置された五つの要素——すなわちメッセージの「発信者」「コード」「支持体」「指示対象」「受信者」——に対応している［図2］。そのようなモデルを提示する理由について、ヤコブソンの言語学などに依拠しつつ、リオタールは次のように述べる——すなわち、人間を含めたあらゆる事物や現象は、すべてひとまとまりの記号からなる「メッセージ」の容れ物とみなしうる。これらの記号を構成する諸々の要素は、以上の図式における「支持体」から派生するものであり、この「メッセージ」および「支持体」の周囲に「発信者」「コード」「指示対象」「受信者」が配されることで、そこにはひとつの——各要素が不可分なしかたで連関する——言語的な構造が見いだされる[18]［図3］。

このモデルが典型的に示すように、「非物質的なものたち」におけるリオタールの関心事のひとつは、同時代の情報理論を使って「物質」概念そのものを鍛えなおすことにあった。結果、人間を含めたあらゆる「物質」は、何がしかのメッセージを伝達するためのたんなる「結び目」とみなされることになる。そして、これはそのまま次のような見通しへと接続されるだろう——すなわち、今日の「人間（的）」という語彙は、すでに「かつての知や介入のための領域」を指し示すものではなくなっている。むしろ、いまや技術こそが、さまざまな領野を精査することによって得られた「非物質的なもの」（＝情報）を人間のうちに発見しつつ、かつそこに一定の操作可能性を見いだそうとしている。言いかえれば——われわれにはすでにお馴染みの光景であるように——人間の身体は、「電子的な領野におけるそれと同じように」機械的に読まれ、人間的な情動もまた、「複雑な科学組織のようなものにしたがって」操作される段階にあるということだ[19]。

ただし、ここで真に注目すべきは、物質を、さらには人間を、情報理論のモデルによって捉えな

（18） Jean-François Lyotard, "Les Immatériaux" (1985), trans. Paul Smith, in Reesa Greenberg, Bruce W. Ferguson and Sandy Nairne (eds.), *Thinking about Exhibitions*, London; New York, Routledge, 1996, p. 114.

（19） *Ibid.*, p. 116.

おそうとする姿勢そのものではない（このような姿勢じたいは、どちらかといえば平凡なものである）。むしろ、ここでより重要だと思われるのは、人間をそのような情報の結び目として認識したうえでなお、リオタールがそこにある種の「抵抗」を見いだしているということだ。ふたたび『ポストモダンの条件』に目をむけてみれば、そこではすでに「非物質的なものたち」へと至る基本的な認識が示されるとともに、それに対するささやかな抵抗の可能性が描き出されてもいる。

自己は取るに足らぬものだ。とはいえ、それは孤立しているのではなく、かつてなかったほど複雑で流動的な諸関係の織物のなかに捕らえられているのである。若かろうが老いていようが、男であろうが女であろうが、豊かであろうが貧しかろうが、自己はどれほど些細なものであれ、つねにコミュニケーションの回路の「結び目」の位置にある。むしろこう言ったほうがいいかもしれない。つまり、それはさまざまな種類のメッセージが通過するポストの位置におかれている、と。そして、たとえどれほど恵まれていないものであれ、自己はそこを通過し、同時に発信者、受信者、あるいは指示対象のポストにそれを位置づけるメッセージに対抗する力を、けっして欠いているわけではないのである(20)。

ここで語られていることは、「非物質」展のダイアグラムに示されている内容を先取りしていると言えるだろう。しかし注意せねばならない。ここで「自己は取るに足らぬものだ」というシニカルな断言に続けて述べられている内容は、たんに人間を情報の「結び目」へと還元するという類いのものではなく、その「結び目としての人間」が行使しうる抵抗への積極的なニュアンスをともなっている。なるほど、われわれがみな等しく「コミュニケーションの回路」の「結び目」にほかならないのだとしたら、自己はたしかに「取るに足らぬもの」であろう（「それは、さまざまな種類のメッセージが通過するポストの位置におかれている」）。だがそれでもなお――「たとえどれほど恵まれていないものであれ」――自己は、みずからを通過するメッセージに対抗する力をけっして欠いてはいない。それが、ここで最終的に述べられていることなのだ。

つまりリオタールは、人間をいったん「コミュニケーションの結び目」に位置づけながら、それがコミュニケーションの流れに対して「抵抗」を行なう可能性を排除しなかった――むしろその可能性を積極的に論じていた――と考えるべきである。

そのことは、先のテクストのみならず、「非物質」展のあとにリオタールが構想していたもうひとつの展覧会の存在によっても、間接的に裏づけることができる。これはアーティストのフィリップ・パレーノ（一九六四―）の証言によるものだが、リオタールは「非物質」展と同じ一九八五年に行なわれたあるディスカッションの場で、「抵抗（Résistance）」という次なる展覧会の構想について語ったことがある。パレーノの回想によれば、リオタールがその「抵抗」という言葉によって意図していたのは、いわゆる「道徳的な」抵抗のことではいささかもなく、むしろ物理学における「摩擦」に相当するようなものであったという。[21] 結果的にこの第二の展覧会は実現しなかったものの、

（20） CP 31（四三―四四頁）。

以上の証言は、先のコミュニケーションのダイアグラムにおける「人間」の地位を考えるうえで示唆的である。「非物質的なものたち」におけるリオタールのダイアグラムは、あらゆる物質を――そして人間を――「コミュニケーションの結び目」に位置づけるものであり、それゆえ「情報」や「コミュニケーション」に両者を還元するような印象をともなっていた。しかし現実には、リオタールは「コミュニケーションの結び目」としての人間になお一定の力を見いだしていたのであり、それは電気回路における「摩擦」にも似た、ささやかな抵抗の契機として描出されていたのである。

3　発展の非人間性

ここまでの内容を整理すれば、次のようになるだろう。リオタールが「非物質」展において試みたのは、言語学や情報学を通じた「物質」概念の再定義であった。人間を含めたあらゆる「物質」をコミュニケーションのモデルによって把握できるとすれば、いかなる事物も、現象も、すべてそこを飛び交うメッセージの「結び目」ないし「ポスト」としての機能を果たしているにすぎないことになる。しかし同時にそれは、当のメッセージの「結び目」ないし「ポスト」であるかぎりにおいて、そこにわずかな――微弱な摩擦にも似た――抵抗の契機を導き入れることができるのだ。

これに関連して言うなら、リオタールがしばしば用いる「非人間（性）」という言葉は、人間の「死」や「終焉」をめぐる一連の議論にそのまま通じるような種類のものではない。ここであらためて振り返るまでもなく、人間の「死」（フーコー）や「終焉」（デリダ）といったキーワードは、二〇世紀後半のフランス思想にしばしば見られるものである。ただしそれは、かつてフェリーとルノーが攻撃したような「反人間主義（anti-humanisme）」を旗印に掲げるものではいささかもない[22]。一九八〇年代におけるリオタールの関心もまた――フェリー＝ルノーが言う「反人間主義」の思想でないことは言うまでもなく――、まさしく「人間／非人間」をめぐる従来の枠組みそのものを問いなおすことにこそ捧げられていたと言うべきだろう。

事実リオタールは、「人間／非人間」という二項対立では掬いとれない、「非人間的なもの」の二面性を浮き上がらせること――あるいは「非人間的」という言葉を異なる二重の意味で用いること――を試みていた。より具体的に言うなら、リオタールは「人間（主義）」と「非人間（主義）」を性急に対立させることなく、後者に潜む二つのヴァリエーションを浮き上がらせることに力を注いでいた。たとえば、『非人間的なもの』の（論文集としての）成立経緯について触れた冒頭の一節では、さっそく「非人間的なもの」という言葉が二つの意味で用いられている。

　ここに収められた「お喋り」［……］が（語の二重の意味において）裏切る＝暴露する疑念とは、二

（21）Hans Ulrich Obrist, *Ways of Curating*, *op. cit.*, p. 161（ハンス・ウルリッヒ・オブリスト『キュレーションの方法』前掲書、二二四頁）。

（22）Luc Ferry et Alain Renaut, *La Pensée 68. Essai sur l'anti-humanisme contemporain*, Paris, Gallimard, 1985（リュック・フェリー／アラン・ルノー『六八年の思想――現代の反‐人間主義への批判』小野潮訳、法政大学出版局、一九九八年）。

重でありつつも単一のものである。すなわち一方では、人間主義という意味での人間が非人間的なものになりつつあり、またそのように強いられているのではないかという疑念、他方では、人間の「固有性」とは、そもそも非人間的なものに取り憑かれているということではないか、という疑念である。[23]

ここでは「非人間的（inhumain）」という形容詞が二度にわたって用いられているが、注目すべきは、これらが指し示している「非人間的なもの」の内実が、それぞれまったく異なっていることだ。ここでリオタールが「非人間的」と名指す一方のものは、この時代の人間に課せられた歴史的かつ社会的条件としての非人間性であり、他方のものは、そもそも「人間」という存在に取り憑いた、より固有にして根源的な意味での非人間性だからである。続けてその直後の、両者の相違を指摘した一節に目をむけてみよう。

ここに、二種類の非人間的なもの［deux sortes d'inhumain］をみとめることができる。これらを区別しておかねばならない。（とりわけ）発展という名のもとで強化されつつあるシステムの非人間性は、きわめて内密な、魂を捕らえている非人間性と混同されてはならない。わたしがそうだったように、前者が後者と交換可能であり、前者が後者の表現をもたらす、と信じることは誤りである。[24]

前章の最後でも見たことだが、ここでは二種類の「非人間性」がはっきり隔てられている。あらためて整理すれば、八〇年代のリオタールが「非人間的なもの」と呼んでいたのは、（1）「発展という名のもとで強化されつつあるシステムの非人間性」であるとともに、（2）あらゆる人間の「魂を捕らえている非人間性」である。とはいえ、ここでリオタールは両者の混同を戒めているが、そもそもなぜ両者を「混同」しかねない危険を冒してまで、あえて「非人間的なもの」という言葉を二重の意味で用いなければならないのか。そのような戦略の背後にある意図を十分に見極めるためにも、両者の内実をあらためて見ておかねばならない。

まず、ここで明らかに否定的な性格を与えられている第一の「非人間性」は、一言でいえば「発展（développement）」というイデオロギーによって駆動されるものである。この「発展」という語彙は、リオタールにとっては数多ある抽象概念のひとつではなく、むしろ「力の思想」としての形而上学をすぐれて体現するものにほかならない。なぜならリオタールによれば、「発展」とはいかなる目的性もなく、ただみずからの内的な力学にしたがって再生産を繰り返していくものであるからだ。かりに「形而上学」を、「主体についての思想」ではなく「諸々の力についての思想」として定義づけられるとしたら、「発展」こそ「今日のイデオロギー」であり、かつそれは「形而上学における本質的なものを体現している」ことになる。[25] それは、より具体的に言えば次のようなことだ。

（23）I10（二一－三頁）。
（24）I10（三頁）。
（25）I14（八頁）。

この発展の形而上学において驚かされるのは、それがいかなる目的性も必要としていないということである。発展はなんらかの〈理念〉、たとえば人間の理性や自由の解放といった理念によって牽引されているわけではない。発展はみずからの内的な力学のみにしたがって加速し、拡大しながらみずからを再生産する。それは諸々の偶然を吸収し、その情報価値を記憶し、それをみずからの機能にとって必要な新しい媒体として用いるのである[26]。

ここで述べられているように、「発展」とは、「主体」ではなく諸々の非人間的な「力」をその支えとする点で、すぐれて「形而上学的な」思想である。なぜそれが「形而上学的」であるかといえば、「発展」はいかなる単一の「理念」も「目的性」も必要とせず――いずれもカント的な語彙だ――、ただみずからの内的な力学によってのみ駆動されるものだからである。

ここで「発展」と呼ばれているものがいまだ抽象的に感じられるとしたら、それをより具体的に「資本主義」と言いかえてもよい。すでに七〇年代のはじめより、リオタールは「資本」を「終わりもなく目的もないメタモルフォーズ」として特徴づけていたが[27]、究極的な「理念」や「目的性」を必要としない「発展の形而上学」をもっとも具体的に体現するものこそ、われわれがよく知る資本主義というシステムなのである。

資本主義は「経済的」でもなければ「社会学的」でもない形而上学的な形象であろうとしてきた

し、現実にそうなっている。そこでは無限なるものがいまだ未規定なものとして、意志によって際限なく支配され、占有されるべきものとして措定されている。(28)

資本主義は、経済的でも社会学的でもない、ひとつの形而上学的な形象である。これも前章で論じたように、リオタールは、このような意味での「資本主義」のなかには「崇高なもの」が存在すると考える。なぜなら資本主義とは、「無限の富と力という〈理念〉に沿って統御されている」システムだからである。(29) ここで用いられている〈理念〉という語彙は、厳密にカント的な意味で、より正確には『判断力批判』に含まれる「崇高の分析論」に即して理解しなければならない。すなわちカントにおいて「崇高」とは、われわれ人間には感性的に把握しえないはずの「理性理念」が、まさしく表出不可能であることによって——逆説的にも——「否定的に表出」されるときに訪れる感情であった。その「否定的表出」の構造に暗に依拠しながら、リオタールは資本主義を、人間的な主体を超えた「無限の富や力」という〈理念〉に駆動されるものとして特徴づけるのである。

(26) I 14（九頁）。
(27) DP 308-309.
(28) TI 78（八六－八七頁）。
(29) I 116（一四一頁）。

4　人間とその残余

さて、そのような「発展の形而上学」によってもたらされる「非人間性」こそ、リオタールがここでもっとも鋭く批判をむけようとする当のものであった。では、その批判のための「未決定性」を確保するもうひとつの「非人間的なもの」、すなわち「発展の形而上学」にたいする抵抗の手段としての「非人間性」とは、より具体的にはいかなるものであるのだろうか。まず、それは「未決定性」を確保するためにわれわれが背負うべき「負債」として定義される。

「発展の形而上学によって駆動される」この類いの非人間的なものへの抵抗のほかに、「政治」としていったい何が残っているというのだろうか。そしてその抵抗のために、次に述べる負債以外に何が残っているというのだろうか。その負債は、悲惨であり賞賛すべきものでもある未決定性とのあいだに——すなわち、もうひとつの非人間的なものとのあいだに——あらゆる魂が引き受けているものである。そして、あらゆる魂はその未決定性から生まれ、かつ生まれつづけているのだ。(30)

この後者の意味での「非人間性」は、しばしば「幼年期《インファンス》」とも言いかえられる。それは文字通りの——人生における——「幼年期」というより、いまだ人間になっていないもの、あるいはそれ未満の状態をさす言葉である。ここではより一般的に、「言語以前の状態」ないし「人間以前の状態」を含意していると考えておけばよいだろう。

とはいえなぜ、こうした意味での「非人間性」が、「発展の形而上学」によって駆動される「非人間性」への抵抗の契機になりえるのだろうか。それはこの「幼年期」が、人間という存在に固有の「残余」をなしているからだ、というのがリオタールの立場である。具体的には次のようなことだ。すなわち、いわゆる「人間化」のプロセス——たとえば「啓蒙」——とは、いまだ人間化されていない状態としての「非人間的なもの」を、たえず縮減していこうとするプロセスにほかならない。それが個人や共同体のなかでたえず継続されているとしたら、それはわれわれ（の社会）のうちに「非人間的なもの」がなんらかの「残余」として棲みついているからである。さらに敷衍すればば次のようになる。すなわち、人間が言語や理性をもちえるためには、幼年期における原初的な「惨めさ（misère）」が、はじめに存在していなければならない。そして、かりに「人間化」と呼ばれるプロセスが、この幼年期の「惨めさ」を解放し、それに言語や理性を与えていくものだとしたら、そこにあるのは一種の弁証法的な手続きである。しかしその弁証法は、構造的に何がしかの「残余」を残すことを避けられない。

もし何ものも残さないとしたら、大人たちが次のことを説明できなくなる——すなわち、かれらがたえず努力して諸々の制度への適合を確かなものにし、さらにはそれらの制度をより良い集団生活のために改良しなくてはならない、ということを。またそれだけでなく、それらを批判する

（30）I 115（九−一〇頁）。

力、それらを堪える苦、それらを逃れようとする誘惑も、かれらの諸活動のある部分に存続しているということを。[31]

前章において述べたことを、ここであらためて繰り返しておこう。われわれ個人や社会のなかでたえず「人間化」が行なわれているということは――つまり「子供」が「大人」になり、社会に順応していくという手続きが倦むことなく継続されているということは――なんらかの「非人間的なもの」が、けっして通約されない「残余」として、われわれのうちに存在しつづけているからにほかならない。つまり、リオタールにおいて「幼年期」と呼ばれるもうひとつの「非人間的なもの」は、「人間化」のプロセスを可能ならしめる条件であるとともに、それに未決定性の余地を残す「残余」としてとどまりつづけることによって、終わりなき「人間化」のプロセスにある限界を定めるものなのだ。したがってそれは、しばしば順応的であることを強いる「人間化」のプロセスへの「抵抗」として機能する。

われわれはそれをイ､ン､フ､ァ､ン､テ､ィ､ア､、つまりみずからを語らぬものと命名しよう。人生の、過ぎ去っていく一時期ではないものとしての幼年期。それが言説に取りついているのだ。言説は、たえずそれを引き離しておこうとする。言説とはその分離なのだ。だがそれは、むしろそうすることによっていっそう、執拗にみずからを、まさに失われたものとして構成しようとする。言説はみずからが知らないうちに、それを住まわせてしまう。幼年期とはその残余なのだ。[32]

それゆえこの「幼年期」という主題は、「解放という理念やイデオロギーのなかで回帰する」。それは、われわれがみずからを所有＝我有化する場合になお残る「所有＝我有化不可能なもの」として、その所有＝我有化に根本的な限界を定めるものなのである。(33)

ここまでの議論を通じて明らかになってくるのは、先に見た二種類の「非人間的なもの」とともに、「人間的なもの」もまた、やはり異なる二つの意味を帯びるということである。われわれの内なる「幼年期」は、人間性に対して遅れをとっているがゆえに、むしろ「人間」の共同体における欠如を示し、その可能性を告知することができる。言いかえれば、それはいまだ来たるべきものにとどまっている新たな「人間性」を告知するものだ。

(31) I 11（四頁）。
(32) LE 9（五－六頁）。リオタールがこのような意味で「幼年期」ないし（ラテン語の）「インファンス」という言葉を用いるさい、第一に念頭におかれているのはフロイトである。たとえば「強迫神経症の一症例に関する考察」において、フロイトは次のように述べていた——「いま、あなたは無意識的なものの主要な性質、すなわち幼児期［das Infantile］とのつながりに、はからずも気づいたのだと思います。無意識的なものとは幼児的なものです。しかもそれは幼児期に全体的な人格から分離し、それ以後の人格全体の成長に関与せず、そのために幼児的なまま抑圧されてしまったところの人格部分なのです」。Sigmund Freud, *Bemerkungen über einen Fall von Zwangsneurose* (1909), *Gesammelte Werke VII: Werke aus den Jahren 1906-1909* (1941), Frankfurt am Main, S. Fischer, 1993, S. 401（「強迫神経症の一症例に関する考察」小此木啓吾訳、『フロイト著作集』第九巻、人文書院、一九八三年、二二九頁）。
(33) TU 4.

これらのありふれた観察から、人間性という言葉をちょうどさかさまに利用することもできる。言葉を奪われ、直立することができず、関心をもった対象の前で躊躇し、利害の計算ができず、共有された理性に煩わされることのない幼児は、すぐれて人間的である。というのも、かれらの窮状は諸々の可能性を予告し、それを約束しているのだから。人間性にたいする幼児の始源的な遅れは、かれら自身を大人たちの共同体の虜にするものだが、それは同時にかれらが苦しんでいる人間性の欠如をその共同体に示し、より人間的になるように呼びかけるものでもある。[34]

ここでも逆説的な議論が提示されている。つまり「幼年期」は、非人間的なものであると同時に、すぐれて人間的なものでもあるのだ。そしてそのことは、「非人間性」における二つのヴァリエーションと同じく、「人間性」にもまた二つの種類を分けることになるだろう。より正確に言うなら、リオタールは「幼年期」としての「非人間性」を性急に人間化しようとするものたちと、その残余としての性格を尊び、それを一種の「事後性」として保持しようとするみずからの立場のあいだに、「人間化」をめぐる強調点の違いを見いだすのだ。つまり、ここでリオタールは、みずからが批判する敵――「秩序だった弁証法」――をたんに人間主義の名のもとにしりぞけるのではなく、むしろ「調停不可能なもの」としての「幼年期」を性急に同化吸収しようとする拙速な人間主義として、これを批判するのである。

秩序だった弁証法や解釈学は、急いでそれらを調和させようとする。〔……〕だが、わたしはこうした性急さを好まない。それが圧迫し、押しつぶすもの、それは――事後的にそうみとめられるものなのだが――わたしがつねにさまざまな名のもとに、つまり〈作業、形象的なもの、異質性、不和、出来事、もの〉といった名のもとに保持しておこうとした、調停不可能なものである。[35]

ここで「調停不可能なもの」と名づけられた「幼児期」にたいする負債から、われわれはけっして逃れることができない。それに「不正をはたらかない」ようにするためには、それをけっして「忘却」しないようにすることが肝要である――そして、「それらを証言すべく危険を冒すことこそ、エクリチュール、思想、文学、諸芸術の仕事なのである[36]」。

リオタールによれば、芸術や文学こそ、社会における「非人間的なもの」をすぐれて確保するものなのであった。だからこそ、作家たちは安易な順応主義に与することなく、みずからの内なる「幼年期」に耳を傾けつづける必要がある。「秩序だった弁証法」にもとづく人間主義が、われわれの内なる「非人間性」を性急に「人間化」しつつ、それを全体に調和させようとするのだとしたら、もうひとつの人間主義は、あくまでも非人間的な「未決定性」を、その性急な人間化への批判として差しむけなければならないのである。

（34） I 11-12（五頁）。
（35） I 12（五頁）。
（36） I 15（一〇頁）。

資本主義が体現する「発展の形而上学」に結びつけられた第一の「非人間性」と、人間の根源的な条件をなす第二の「非人間性」——リオタールが、この両者の「混同」を戒めつつ、あえてこの言葉を二重の意味で用いる理由が、ここにいたって明らかになったように思われる。リオタールが批判する「非人間化」のプロセスは、実のところ「人間化」の裏面にほかならない。なぜならそれは、いずれもある種の性急さによって、いまだ言葉をもたない「幼年期」の時間を圧し潰していくものであるからだ。それが「非人間化」であるか、「人間化」であるかは、状況に応じた見かけの違いでしかない。ゆえに、それに対する抵抗の手段もまた、同じく「人間性」と「非人間性」という二つの名前を同時に持たなければならないのだ。

これを、ふたたび次のように整理してみる。「非人間的なもの」をめぐるリオタールの立場はつねに二重のものであり、外的なシステムからわれわれに課されるものとしての「非人間性」には抵抗を試みなければならないが、とりわけ文学や芸術の条件として課される「非人間性」のほうは、むしろ積極的に引き受けねばならない。そしてこの二つの「非人間性」は、「人間性」をめぐる二つのヴァリエーションに対応している。すなわち一方には、人間のうちにある通約しえない「残余」を性急に押し潰そうとする「人間性」があり、他方には、その「残余」によって告知される来たるべき「人間性」がある。

この「人間性／非人間性」をめぐる二重性は、とりわけ「非物質」展の前後にあたる一九八〇年代のリオタールにとって、ひとつの核心をなす議論であったように思われる。また、本書でもすでに論じてきたように、これに類似した構造をもつ概念として「崇高」や「恐怖」を捉えなおすこともできよう。

しかしひとまずは、次の指摘によって本章を締めくくることにしよう。ここまでの「(非)人間的なもの」をめぐる議論の深層に横たわっているのは、実のところ「時間」の問題である。というのも、さきほど示した「人間性」と「非人間性」をめぐる二つのヴァリエーションは、実のところ時間をめぐる立場の違いによって——「発展」と「残余」、「性急さ」と「緩慢さ」によって——隔てられているからだ。だからこそリオタールは、「非人間的なもの」をめぐるみずからの考察を取りまとめるにあたって、それを「時間」をめぐる考察として提示したのだった(『非人間的なもの』の副題が「時間についてのお喋り」である理由はここにある)。

しかし他方、前者の「非人間性」を駆動する「発展」が途方もない次元にまで加速し、それにともなって、この裏面をなす「人間性」がますます性急なしかたで希求されていくとき、はたして後者の「非人間性」を支える「残余」は、なおも前者の減速機としての役目を果たしうるだろうか。たとえば、遠い未来の「太陽系の破局」をも視野に収めるリオタールの「身体なしで思考することは可能か」(一九八六)[37]——これについては次章で論じる——において、「幼年期」はなおも人間の「残余」として存在する余地を残されているだろうか。これこそ、リオタール没後の思想である「絶滅」や「加速主義」とともに、次章へと引き継がれるべき問いである。

(37) I 17-31(一一—三一頁)。

第五章・附録

基本情報

展覧会タイトル：非物質的なものたち（*Les Immatériaux*）
会期：一九八五年三月二八日－七月一五日
会場：ジョルジュ・ポンピドゥー・センター（パリ、フランス）
共同監修者：ジャン＝フランソワ・リオタール、ティエリー・シャピュ

参考資料①：「非物質」展の「サイト」一覧（六一個）

L'ange ／ Architecture plane ／ Arôme simulé ／ Auto-engendrement ／ Contes et chansons modulaires ／ Corps chanté ／ Corps éclaté ／ Creusets stellaires ／ Deuxième peau ／ Epreuves d'écriture ／ Espace réciproque ／ Habitacle ／ Homme invisible ／ Images calculées ／ Indiscernables ／ « Infra-Mince » ／ Irreprésentable ／ Jeu d'échecs ／ Jus d'orange ／ Langue vivante ／ Logiques artificielles ／ Lumière dérobée ／ Machines Stylistiques ／ Mangeur pressé ／ Matériau dématérialisé ／ Matricule ／ Mémoires artificielles ／ Monnaie du temps ／ Mots en scène ／ Les mots sont des objets ／

Musicien malgré lui ／ Négoce peint ／ Nu vain ／ L’objet perdu ／ Odeur peinte ／ Ombres de l’ombre ／ Peintre sans corps ／ Peinture luminescentes ／ Petits invisibles ／ Préparlé/Précuisiné ／ Profondeur simulée ／ Ration alimentaire ／ Référence inversée ／ Surface introuvable ／ Temps différé ／ Terroir oublié ／ Texte dématérialisé ／ Théâtre du non-corps ／ Tous les auteurs ／ Tous les bruits ／ Toutes les copies ／ Toutes les peaux ／ Trace de voix ／ Trace de trace ／ Les trois mères ／ Variables cachées ／ Vestibule d’entrée ／ Vestibule de sortie ／ Visites simulées ／ Vite-habillé ／ Volées d’escaliers

展覧会俯瞰図の「サイト」には含まれておらず、カタログのリーフレットにのみ存在する見出し（一二個）（＊ただしカタログの見出しには大小二種類のサイズがあり、同一のリーフレットに複数項目が共存する場合もある）

Champ et moment de la voix ／ Ciné-immatériaux ／ Labyrinthe du langage ／ Matériau ／ Matériel ／ Maternité ／ Matière ／ Matrice ／ Moi au théâtre ／ Romans à faire ／ Séquences à moduler ／ Texte évanescent/texte dématérialisé

参考資料②：『エクリチュールのテスト』寄稿者（二六名）（＊冒頭のアルファベット文字列は同カタログにおける略号）

ASTI. ASTIER Hubert ／ BALE. BALESTRINI Nanni ／ BORI. BORILLO Mario ／ BUCI.

BUCI-GLUCKSMANN Christine ／ BURE. BUREN Daniel ／ BUTO. BUTOR Michel ／
CARO. CARO Paul ／ CASS. CASSÉ Michel ／ CHAR. CHARLES Daniel ／ CHAT.
CHATELET François ／ CURV. CURVAL Philippe ／ DERR. DERRIDA Jacques ／ GUIL.
GUILLAUME Marc ／ LACO. LACOUE-LABARTHE Philippe ／ LATO. LATOUR Bruno ／
MAJO. MAJOR René ／ PASS. PASSERON Jean-Claude ／ RECA. RECANATI François ／
RIVI. RIVIERE Jean-Loup ／ ROCH. ROCHE Maurice ／ ROSE. ROSENSTIEHL Pierre ／
ROUB. ROUBAUD Jacques ／ SPER. SPERBER Dan ／ STEN. STENGERS Isabelle ／ TIBO.
TIBON-CORNILLOT Michel ／ VUAR. VUARNET Jean-Noël

参考資料③：『エクリチュールのテスト』項目一覧（五九個、附録一五個）

Artificiel ／ Auteur ／ Capture ／ Code ／ Code/Confins ／ Confins ／ Corps
／ Dématérialisation ／ Dématérialisation/Métamorphose ／ Désir ／ Droit ／ Ecriture
／ Espace ／ Espace/Geste ／ Façade ／ Flou ／ Geste ／ Habiter ／ Image
Immortalité ／ Immortalité/Signe ／ Improbable ／ Interaction ／ Interface
Langage ／ Lumière ／ Lumière/Temps ／ Matériau ／ Matériel ／ Maternité ／
Matière ／ Matrice ／ Méandre ／ Mémoire ／ Métamorphose ／ Miroir ／
Miroir/Matrice ／ Miroir/Mutation ／ Monnaie ／ Multiple ／ Mutation ／ Nature
／ Nature/Artificiel ／ Naviguer ／ Ordre ／ Preuve ／ Prothèse ／ Réseau ／

Séduire ／ Sens ／ Signe ／ Simulation ／ Simulation/Preuve ／ Simultanéité ／ Souffle ／ Temps ／ Traduire ／ Vittesse ／ Voix

Auteur/Séduire ／ Code ／ Dématérialisation/Matériau ／ Désir ／ Désir/Souffle ／ Ecriture/Langage ／ Matériel ／ Méandre ／ Métamorphose ／ Miroir ／ Nature ／ Sens ／ Signe ／ Simultanéité ／ Voix

参考資料④：リオタールによる展覧会タイトルの変更プロセス

創造と新しい物質（*Création et matériaux nouveaux*）／物質と創造（*Matériau et création*）／新たな物質と創造（*Matériaux nouveaux et création*）／あらゆる状態の質料（*La Matière dans tous ses états*）／非物質的なものたち（*Les Immatériaux*）［一九八三年八月一〇日の公式文書が初出］

第六章

加速主義への通路

1　加速主義とは何か

資本主義の終わりを想像するより、世界の終わりを想像するほうがたやすい。

米国の批評家フレドリック・ジェイムソン（一九三四－二〇二四）に帰されるこの言葉は、いまやわたしたちの時代を特徴づける合言葉のひとつとなった――そのような断言がいったいどれほどの賛意を集めうるのか、実のところいささか心もとない。とはいえひとつだけ確かなのは、わたしの狭い観測範囲に限定するかぎり、昨今これほどさまざまなところで目にする警句はほかにないということだ。

むろん、この簡潔きわまりない構文に、あれこれ複雑な解釈を施す余地などほとんどない。ゆえに、この言葉を好んで口にするものたちのあいだでは、ほとんど同じような感覚、もっと言えば閉塞感がひろがっていると考えるべきだろう。

そのように呟きたくなる人々の目に映じているのは、おおよそこんな光景ではないだろうか。冷戦が終わった二〇世紀末から今日まで、従来の資本主義に対してさまざまな代替案《オルタナティヴ》が模索されつづけてきた。だが、その後のグローバル資本主義は、そうした代替案などものともせず、われわれの眼前でますます拡大を続けていった。むしろ資本主義は、さまざまな抵抗勢力を取り込みつつ、世界の隅々までより深く浸透していったのではなかったか。もはや資本主義の終わりを想像することなどできない。おそらく資本主義が終わりを迎えるよりも早く、この世界のほうが終わりを迎えるだろう——。

この「資本主義の終わりを想像するより、世界の終わりを想像するほうがたやすい」という箴言は——厳密には同一のものではないが——ジェイムソンの一九九四年の著書に遡ることができる。[1]だが、のちにこのフレーズがふたたび取りあげられたとき、そこには「以前ある人物がこう言っていた……」というくだりが伴っていたことを忘れてはならない。この「ある人物」とは、哲学者スラヴォイ・ジジェク（一九四九－）のことである。[2]だからこれは、厳密にはジェイムソンその人の言葉ではない。すくなくとも、二〇〇三年にあらためてこの言葉に立ち帰ったとき、かれはむしろ「世界の終わりを想像することを通して、資本主義について想像する試み」をJ・G・バラードの小説世界のなかに見いだしていたのである。[3]

しかし、その本来のコンテクストがいかなるものであれ、巷では「資本主義の終わりを……」という人目を引くフレーズが単体で流通しているというのが実状である。とりわけこの言葉を一躍有名にしたのは、

（1）Fredric Jameson, *The Seeds of Time*, New York, Columbia University Press, 1994, p. xii（フレドリック・ジェイムソン『時間の種子』松浦俊輔・小野木明恵訳、青土社、一九九八年、八頁）。
（2）Slavoj Žižek, *Mapping Ideology*, London, Verso, 1994, p. 1.
（3）Fredric Jameson, "Future City," *New Left Review*, vol. 21, May-June 2003, pp. 65-79.

名にしたのが、英国の批評家、ブロガーであるマーク・フィッシャー(一九六八－二〇一七)の『資本主義リアリズム』だった。

『トゥモロー・ワールド』を観るとき、われわれはフレドリック・ジェイムソンとスラヴォイ・ジジェクのものとされる言葉を否応なく思い出す――資本主義の終わりを想像するより、世界の終わりを想像するほうがたやすい。このスローガンは、わたしが「資本主義リアリズム」という言葉によって言わんとしていることを精確にとらえている。すなわちそれは、資本主義とは唯一存続可能な政治的・経済的システムであるのみならず、いまやそれにたいする首尾一貫した代替案を想像することすら不可能だ、という意識が蔓延した状態のことである。(4)

フィッシャーによれば「資本主義リアリズム」とは、資本主義が「唯一の存続可能な政治的・経済的システム」であるのみならず、いまや「それにたいする首尾一貫した代替案を想像することすら不可能だ」という意識が蔓延した状態のことである。この世界は資本主義に覆われつくした。たとえこの世界が滅びようとも、そこから脱出するすべはない――そのような諦念を「資本主義リアリズム」という名に託した批評家は、みずからその閉塞感を証明するかのように、二〇一七年に自裁した。(5)

こうした「資本主義リアリズム」の蔓延と表裏一体の現象として、二〇一〇年代に急速に広まったのが「加速主義」とよばれる思想である。加速主義とは何か。それは資本、ないしテクノロジーの際限なき拡大をなんらかの意味で肯定する思想のことである、とひとまずは言っておこう。ここ最近の流行思想に漏れず、加速主義については紙媒体よりもインターネット上でさかんに議論が交わされてきた。[6] 他方、この言葉そのものは、ロジャー・ゼラズニイの『光の王』（一九六七）というSF小説に由来し、二〇〇〇年代の終わりに、批評理論を専門とするベンジャミン・ノイス（一九六九－）がこれを著書やブログで転用したのが始まりである。[7] 世間で言われる「加速主義的な」思想のほとんどは、この言葉が広まった二〇一〇年代に入って以来、事後的に見いだされていったものにほかならない。

政治思想としての加速主義は大きく「右派」と「左派」に分かれ（これに加えて「無条件」という第

（4） Mark Fisher, *Capitalist Realism: Is There no Alternative?*, Winchester, Zero Books, 2009, p. 2（マーク・フィッシャー『資本主義リアリズム──「この道しかない」のか？』セバスチャン・ブロイ・河南瑠莉訳、堀之内出版、二〇一八年、九－一〇頁）。

（5） フィッシャーは、この「資本主義リアリズム」という言葉の旧来の用法をただしく認識したうえで、それらとみずからの「資本主義リアリズム」の定義の違いについて次のように述べている。「「資本主義リアリズム」はオリジナルの造語ではない。それはすでに一九六〇年代にはドイツのあるポップ・アートのグループによって、次いでマイケル・シャドソンの一九八四年の著書『広告、不愉快な説得』のなかで用いられていたが、それらはいずれも社会主義リアリズムをパロディ化するためのものだった。わたしの使いかたが新しいのは、この言葉により包括的な──むしろ膨大とすら言える──意味を付与しているところにある。わたしが考える資本主義リアリズムとは、芸術や、広告として機能する疑似プロパガンダ的な仕組みに限定されるものではない」（*Ibid*., p. 16：四八頁）。

（6） 加速主義にかんする文献として、日本語で書かれたものとしては木澤佐登志『ニック・ランドと新反動主義』星海社、二〇一九年を参照のこと。

（7） Benjamin Noys, *The Persistence of the Negative*, Edinburgh, Edinburgh University Press, 2010.

三の勢力もある）、それぞれの内実もけっして一枚岩ではない。さきほど加速主義は「資本、ないしテクノロジーの際限なき拡大をなんらかの意味で肯定する思想」だと言ったが、その結果として何を待望するかという点において、各々の立場は大きく異なる。

他方、それぞれに政治的な立場を違える論者のあいだでも、加速主義に先鞭をつけたとされる古典的なテクストについては一定の合意がある。その大元にいるのは、むろんマルクスである。たとえば二〇一四年に出た『加速主義読本』の編者たちは、マルクスの「グルントリッセ」（経済学批判要綱）のある一節に、加速主義的な思想の萌芽を見ている。[8] 加えてそこで注目したいのは、ドゥルーズ、リオタール、ボードリヤールらによる一九七〇年代の仕事が、加速主義につながる紛うかたなき正典《カノン》とみなされていることだ。具体的には、ドゥルーズ＝ガタリの『アンチ・オイディプス』（一九七二）とリオタールの『リビドー経済』（一九七四）の二冊、さらに場合によってはボードリヤールの『象徴交換と死』（一九七六）を加えた三冊が、現代の加速主義の直接的なルーツと目される書物なのである。

2　ニック・ランドと思弁的実在論

ドゥルーズ、デリダ、フーコーをはじめとする、二〇世紀後半のフランス思想――ここではフランソワ・キュセにならって、それを便宜的に「フレンチ・セオリー」とよぶ――が、いまや哲学・

思想における古典の地位を獲得して久しい。[9] ドゥルーズ＝ガタリによる〈資本の〉「脱領土化」や「再領土化」といったフレーズも、いまや特段めずらしい響きをもつものではなくなった。むしろかれらの議論に通じた人々に対しては、加速主義とは、ドゥルーズ＝ガタリが言うところの「脱領土化」のみを極端に推し進めることで、最終的に資本の自己消滅をはかろうとする思想である、と言ったほうがわかりやすいかもしれない。[10]

知られるように、爾来フレンチ・セオリーは大学や学界のなかでのみ流通してきたわけではなく、芸術や文学をはじめとする広範囲にわたり、めざましい拡大をみせてきた（かつての日本における

（8） Robin Mackay and Armen Avanessian (eds.), *#Accelerate: The Accelerationist Reader*, Falmouth, Urbanomic, 2014, p. 9. 斎藤幸平は（左派）加速主義者たちが依拠する「グルントリッセ」の構想がのちにマルクスによって放棄されたという事実を指摘しつつ、マルクスの思想を「プロメテウス主義」とみなす発想のどこに問題があるのかを批評している。斎藤幸平『マルクス解体――プロメテウスの夢とその先』講談社、二〇二三年、二〇一―二四五頁。

（9） François Cusset, *French Theory. Foucault, Derrida, Deleuze et Cie et les mutations de la vie intellectuelle aux Etats-Unis*, Paris, La Décourverte, 2003（フランソワ・キュセ『フレンチ・セオリー――アメリカにおけるフランス現代思想』桑田光平・鈴木哲平・畠山達・本田貴久訳、NTT出版、二〇一〇年）。

（10） のちに本章でふれるレイ・ブラシエは、まさにそのような言葉づかいによって（左派）加速主義の特徴を記述している。「ニック・スルニチエクとアレックス・ウィリアムズによって近年提起された［……］この新たな「合理主義的」加速主義は、ポスト構造主義の先駆者たちによる生気論的な傾きを是正することを意図している。ドゥルーズ＝ガタリによる『アンチ・オイディプス』がもっとも典型的だが、そこで政治的主体は［風神］アイオロスのごとき脱領土化のプロセスに引きずられ、解放は〈欲望する生産〉の形而上学によって推し進められる」（Ray Brassier, "Wandering Abstraction," *Mute*, February 13, 2014, https://www.metamute.org/editorial/articles/wandering-abstraction: accessed August 1, 2024（レイ・ブラシエ「さまよえる抽象」星野太訳、『現代思想』第四七巻八号、青土社、二〇一九年、七八頁）。

「ニューアカ」などもそのひとつの現れであろう)。そして、これら世界中に撒き散らされた種子のひとつが、九〇年代半ばに英国の地方都市でひとつの怪しげな運動に結実した。かつてウォーリック大学に存在した「サイバネティック文化研究ユニット」(以下「CCRU」)がその容器であり、その中心にいたのがニック・ランドという人物である。(11)

ニック・ランドとは誰か。一九六二年に英国で生まれ、八七年から九八年までウォーリック大学で教鞭をとったこの人物は、バタイユを専門とし、同時に「フレンチ・セオリー」をベースに独自の思想を打ち立てたことで知られる。そのランドは九五年に(パートナーのセイディ・プラントとともに)哲学科内にCCRUを設立し、同グループの指導者的存在となる。学生主体という触れ込みでありながら、実質的にはランドを中心とする秘教的なコミュニティであったCCRUは、学内の組織としては早くも九七年に解散を余儀なくされ、その後は学外に拠点を移して二〇〇三年まで存続した。他方、不眠やアンフェタミンの中毒症状などにより心身ともに失調を来していたランドは、九八年にウォーリック大学を、そして学界そのものを去っている。(12)

二一世紀に入って間もなくランドは上海に移住し、ライターとして生計を立てるかたわら、二〇一二年になるとウェブ上で「暗黒啓蒙(Dark Enlightenment)」という文章を断続的に発表しはじめる。今日、ランドの名前が知られるようになった最大の理由は、ほとんど怪文書とも言うべきこの一連のテクストにある。ランドが「暗黒啓蒙」を発表するより以前から、民主主義やリベラルな価値観を否定する「新反動主義」の思想が、米国を中心に広がっていた。ペイパルの創業者であるピーター・ティールや、起業家にしてエンジニアのカーティス・ヤーヴィン(メンシウス・モールドバグ）を中心とするそのうねりは、トランプ（元）大統領を支持するオルタナ右翼とも野合しつつ、あからさまな人種主義や反民主主義を標榜するイデオロギーとして影響力を拡大しつつあった。そして、ウェブを中心にうごめくその仄暗い勢力に理論的な根拠を与えたのが、ランドの「暗黒啓蒙」というテクストだったのである。[13]

ニック・ランドが組織したCCRUは、その短い活動期間にもかかわらず、二〇〇〇年代から二〇年代にかけての「現代思想」の主要人物を数多く輩出したことでも知られる。のちに『資本主義リアリズム』で脚光を浴びることになるマーク・フィッシャーもその一人だった。さらに当時ウォーリックの大学院生だったレイ・ブラシエ（一九六五―）とイアン・ハミルトン・グラント（一九六三―）は、のちに「思弁的実在論（Speculative Realism）」とよばれるムーブメントの中心に躍り出ることになる。また、かれらの活躍と軌を一にして、やはりCCRUの一員であったロビン・マッケイが、編集者としてランドの二〇年にまたがる原稿を一冊にまとめている。[14]

（11）次に参照するCCRU関係者の証言のほとんどは、ジャーナリストのアンディ・ベケットが『ガーディアン』に執筆した次の記事に依拠している。Andy Beckett, "Accelerationism: How a Fringe Philosophy Predicted the Future We Live in," *Guardian*, May 11, 2017, https://www.theguardian.com/world/2017/may/11/accelerationism-how-a-fringe-philosophy-predicted-the-future-we-live-in: accessed August 1, 2024.

（12）CCRUのメンバーが残した理論的テクストは、次のアンソロジーによってその全貌が明らかになった。CCRU, *Writings 1997-2003*, Falmouth, Urbanomic, 2017 [4th edition, 2022].

（13）Nick Land, *The Dark Enlightenment*, [s.l.] Imperium Press, 2022（ニック・ランド『暗黒の啓蒙書』五井健太郎訳、講談社、二〇二〇年）。

（14）Nick Land, *Fanged Noumena: Collected Writings 1987-2007*, Falmouth, Urbanomic/Sequence Press, 2011.

これらを背景として、現代思想まわりでのランドへの関心が――たんなる「暗黒啓蒙」のイデオローグとしてではなく――大きく高まりを見せるのも時間の問題だった。むろん、その背後にはこうしたムーヴメントを「思弁」ならぬ「投機（speculation）」の対象とみなす不純な思惑もまた見え隠れするとはいえ、かつてのランドが加速主義の土台となる思想を打ち立てていたことは、前出のマッケイが編纂した複数のテクストから客観的に検証しうる（たとえばドゥルーズ＝ガタリの「脱領土化」のみを極端に推し進めるというアイデア）。のちに「暗黒啓蒙」によって新反動主義の理論的支柱となるランドは、同時に、二一世紀の現代思想を切って落とした思弁的実在論や加速主義の隠れた源流でもあったというわけだ。

すでにふれたように、加速主義に先鞭をつけた正典のひとつが、ドゥルーズ＝ガタリの『アンチ・オイディプス』だった。たとえば「過程から身を退くのではなく、もっと先へと進むこと」という一節に象徴されるような脱領土化への「煽り」が、ランドを中心とするCCRUのメンバーに大きな霊感を与えたことは想像に難くない[15]。

それではリオタールはどうか。一般にはもっぱら『ポストモダンの条件』の著者として知られるリオタールは、のちに『リビドー経済』をみずから「邪悪な本（evil book）」と呼び、同書をはじめとする七〇年代前半の仕事を参照することはついぞなかった[16]。事実、そのあまりにも放埒な文体は、その二年前に発表されたドゥルーズ＝ガタリの『アンチ・オイディプス』よりもはるかに混濁しており、当人の自己批判を俟つまでもなく、刊行以来ほとんど黙殺されてきた[17]。しかしながら、マルクス主義の正統に反するかたちで、極限まで疎外されたおのれの身体を享楽するという倒錯したヴィジョンを――内容のみならず形式のレベルでも――示した同書は、疎外の徹底によって解放をめざすというCCRUの誇張法的な戦略に、やはり大きな霊感をもたらしたのである。

今ではシェリングを中心とする自然哲学の専門家として知られるイアン・ハミルトン・グラントは、ウォーリック大学に在籍していた一九九〇年代はじめに、この『リビドー経済』の英訳を手がけている。本人の回想によれば、修士課程の学生だったグラントがこの書物を知ったのも、やはりニック・ランドを通じてだった[18]（グラントは同書に熱中するあまり、修士論文の執筆を放り出し、半年を費や

（15） Gilles Deleuze et Félix Guattari, *L'Anti-Œdipe*, Paris, Minuit, 1972.（ジル・ドゥルーズ／フェリックス・ガタリ『アンチ・オイディプス――資本主義と分裂症』宇野邦一訳、河出書房新社、二〇〇六年）。

（16） Jean-François Lyotard, *Peregrinations: Law, Form, Event*, New York, Columbia University Press, 1988, p. 13. リオタールの『リビドー経済』をめぐってしばしば参照されるこの発言は、一九八六年にカリフォルニア大学アーヴァイン校で行なわれた連続講義でのものである（一九八八年に『遍歴』として発表）。リオタールはこの英語による講演原稿を、デイヴィッド・キャロルの協力によって書き上げたと註記しているが、のちに刊行されたフランス語ヴァージョンでは、当該の文言は「mon livre méchant」となっている（P 32：二六頁）。ここから判断するかぎり、おそらくリオタールが「my evil book」という表現に込めた意図とは、「evil（邪悪な）」というより「naughty（底意地の悪い、ふざけた）」くらいのニュアンスではなかったかと思われる。

（17） *Cf.* Iain Hamilton Grant, "Introduction," in Jean-François Lyotard, *Libidinal Economy*, trans. Iain Hamilton Grant (1993), London, Bloomsbury Academic, 2022, p. 2. なお、ジェフリー・ベニントンは、『リビドー経済』の刊行によってリオタールは多くの友人を失ったとすら言っている。その根拠としてベニントンは、雑誌『ラルク（L'Arc）』のリオタール特集号（一九七六年）に「社会主義か野蛮か」の同志が一人も寄稿していないという事実を挙げている。Geoffrey Bennington, *Lyotard: Writing the Event*, Manchester, Manchester University Press, 1988, p. 1.

（18） Iain Hamilton Grant, "Translator's Preface," in Jean-François Lyotard, *Libidinal Economy*, trans. Iain Hamilton Grant (1993), London, Bloomsbury Academic, 2022, p. xi.

して一気呵成に訳したという)。また、やはりCCRUの運動を近くで目撃し、のちに思弁的実在論の一員と目されることになるレイ・ブラシエも、従来ほとんど耳目を集めることのなかったリオタールの加速主義的なテクストを取り上げ、これに依拠した「絶滅」の思想を開陳している[19]。テクストの伝播とは往々にしてそのようなものであるのかもしれないが、そこでは当人たちの思惑を超えた、フレンチ・セオリーの奇矯な「転生」が生じていたといっても過言ではないだろう。

先にもふれたフランソワ・キュセの『フレンチ・セオリー』は、「フランス現代思想」が一九六〇年代からこのかた、アメリカを中心にいかに世界中に広がっていったのかを詳細に綴った書物である。その広範な調査や豊富なエピソード——同書には南米や日本も登場する——により、いまだこの領域においてこれを超える網羅的な研究書は存在しない。

しかし、いまあらためて同書を読むと気づくのだが、二〇〇三年に著された『フレンチ・セオリー』には、ランドをはじめ、CCRUの周辺にいた人々はまったく登場しない。無理もないことである。同書の歴史記述があくまでアメリカを中心になされているという事情もあるが、何よりCCRUの存在そのものが、当時はほとんど知られざるままに留まっていたからである。

ニック・ランドの「暗黒啓蒙」については、いまのところ新反動主義に理論的基盤を与えたという以上の何かを言うことは難しい。あるいはその価値があるのかも大いに疑わしい。しかし九〇年代半ばのウォーリックで、この人物が二一世紀の現代思想を彩ることになる「何か」を準備したことは、さまざまな状況証拠によって裏づけられている。いまや大学で教える立場になった前出のメンバーのひとりは、当時のCCRUをアンディ・ウォーホールの「ファクトリー」に擬えて回想している。そのことは、昼夜を問わずつねに放出されていたかれらの異様な熱量と、その中心に陣取っていたランドのカリスマ性を伝えている。かれらのランドにたいする評価がたんなるノルタルジーに基づくものではないとすれば（おそらく半々といったところだろうが）、その思想的な意義はけっして軽視されるべきものではない。

ともあれ現段階では、加速主義は二〇一〇年代ににわかに盛り上がった、とりあえずの流行思想の域を出ていない。それがこの時代に、世の状況がそれこそ「加速」してきたがゆえに目立ってきたことは確かだとしても（「シンギュラリティ」はランドが好んで用いた言葉のひとつである）、その基本的な発想そのものは、一九七〇年代にドゥルーズやリオタールが示した世界観からどれほど先まで進んでいるだろうか。問いを変えれば、加速主義とは、かつてフレンチ・セオリーがその文体《スタイル》によって示した実験を、形骸としての理論に落とし込んでいるだけだとは言えはしまいか。

もっと言えば、いま加速主義者たちが考えていることは、ずっと前から予感されていた可能性をそれらしい「理論」に仕立て上げたものにすぎないのではないか。たとえば浅田彰による一九九〇年の発言を知るものにとって、そのような疑念が生じたとしても無理のないことである。

（19）前出の『ガーディアン』の記事によれば、ブラシエはＣＣＲＵに「興味こそあった」が、その活動には終始「懐疑的」であったという。そのため、ブラシエは厳密にはＣＣＲＵのメンバーであったわけではなく、同じころにウォーリック大学に在籍していた人間として、この運動をなかば外から見ていたという認識が正しい。この事実について注意をうながしてくれた仲山ひふみに謝意を表したい。

八三年にぼくが本〔＝『構造と力』〕を出した頃の主観的な感覚を言うと、これはある意味で逆説的に先端なんだから、とことん行くところまで行って、もう消費しつくせるものは消費しつくしてしまえばいいと思ったんですね。徹底的に加速して、いわば最終消費のカタストロフに向かわなければいけない、そこでゲームは終わりです、と言いたかったわけですよ[20]。

3　絶滅——太陽の死、地平の崩壊

さて、こうした思想的な流れのなかで、それまでほとんど一顧だにされなかったリオタールのあるテクストが注目を集める。それは「身体なしで思考することは可能か」と題された、ドイツの大学での講演にもとづいた文章である。

一九八六年一一月、リオタールはハンス・ウルリッヒ・グンブレヒトの招きにより、ジーゲン大学の大学院生たちにむけて連続セミナーを行なった。のちに『非人間的なもの』に一部が採録されたその講演は、次のような親愛に満ちた語り口によって始まる。

哲学者たちよ、あなたがたは答えのない問い、哲学的という名分に値するためには答えのないままでなくてはならない諸々の問いを立てる。解かれた問い、それはあなたがたにとっては技術的なものでしかない。それは技術的な問いでしかなかったのだが、それが哲学的な問いと取り違えられたのだ。あなたがたはまたべつの問いへと赴くだろう——解くことがまったく不可能で、悟性のあらゆる征服に抗するにちがいないと思われる問いへと。あるいは同じことだが、あなたがたはこう宣言するだろう——もしも最初の問いが解かれたのであれば、それは問いの立てかたが不適切であったからだ、と。(21)

哲学を学ぶ若者たちにむけたリオタールのこうした語り口に、一見それほど意表を突くところはないだろう。むしろ注目すべきは、こうした「哲学者」然とした問いかけに続く、いくぶん唐突な話題転換である。

しかし、問題はそのようなことではない。かく言うあいだにも、太陽は老いていく。四五億年後には爆発してしまうだろう。太陽は寿命の半分をすこし越したところだ。それは、寿命八〇歳と見込まれる、四〇歳そこそこの人のようである。太陽の終わりとともに、あなたがたの解決不可能な問いも終わりを迎えるだろう。それらの問いはおそらく、非の打ちどころなく取り扱われて、ぎりぎりまで答えは出ないままかもしれない。だが、それらはもはや提起される理由も、提起される場もないだろう。あなたがたはこう説明する。それがいかなるものであれ、まったく純粋無

(20) 浅田彰・柄谷行人・蓮實重彦・三浦雅士「討議　昭和批評の諸問題　一九六五–一九八九」、柄谷行人編『近代日本の批評　昭和編［下］』福武書店、一九九一年、一七六頁、強調引用者。
(21) I17(一一頁)。

垢な終末を考えることなどできない。なぜなら終末とは限界であり、それを構想するには限界の両端にいなければならないからだ。その結果、終わったものは、終わったと言われるために思考のなかで生きつづけなければならない――と。なるほど思考の限界について言えば、それは真実である。しかし太陽の死後、それが死であったことを知る思考はもはや存在しない。[22]

はじめの問いが、このような話題――「太陽の死」――へと転じることを、聴衆のうちいったい誰が予想しえただろうか。あまつさえリオタールは、これこそ「今日の人間に課されている唯一の深刻な問題」であり、それに比べれば、ほかの「あらゆる問題は取るに足らぬもの」であるとすら言う。[23]こうしたリオタールの思考実験がいかなる関心にもとづいているのか、その行く末をいましばし見ておこう。

ここでリオタールが問題にしようとしているのは、人間の思考の地平をかたちづくるものとしての「大地」である。リオタールは言う――遠くない将来、人は知ることになるだろう。あなたがたの終わりを知らない「問い」への情熱は、結局のところ、この地上に根ざした「精神の生」の一形態でしかなかったことを。いかに思考が永続的なものであると――とりわけ哲学者たちが――強弁しようと、この大地がなくなってしまえば、われわれの思考もまたひとつ残らず消え去ってしまうということを。

地球が消滅するとき、思考はその消滅を完全に思考されないままに途絶するだろう。消滅するのは思考の地平そのものであり、あなたがたの言うところの内在における超越である。死は、限界としてならば、すぐれて逃げ去り先延ばしされるものであるし、そのことによって思考がそれを構成するというかたちで関わっているものである。そのような死は依然として精神の生でしかない。しかし、太陽の死は精神の死である。なぜならそれは、精神の生としての死の、そのまた死だからである。(24)

ここからいくつかの迂回路を経て、リオタールは最終的に「ポスト太陽的な思考」を準備しなければならない、というテーゼによって本講演を締めくくる。気候変動や、それにともなう大規模な災害が日々世界を襲う昨今ならいざ知らず、一九八六年のリオタールはいかなる理由から「ポスト太陽的な思考」について考える必要性を示そうとしたのだろうか。いずれにせよ、この「身体なしで思考することは可能か」というテクストは、その問題設定の唐突さもあってか、その後まったくと言っていいほど顧みられることはなかった。

だが二一世紀に入って、このリオタールの知られざる論文に着目したのが、すでにCCRUのくだりで名前を出したレイ・ブラシエである。現代思想に関心のある人々にとって、ブラシエはアラン・バディウやフランソワ・ラリュエルの英訳者として、もしくは二〇〇七年にロンドン大学ゴー

(22) I 17-18(一二頁)。
(23) I 18(一二頁)。
(24) I 18-19(一二頁)。

ルドスミス・カレッジで開催されたワークショップ「思弁的実在論」の中心人物として知られているだろう。ブラシエは、この会議に登壇したカンタン・メイヤスー、グレアム・ハーマン、イアン・ハミルトン・グラントとともに、のちの思弁的実在論という潮流のオリジネーターとみなされ、この翌年にはメイヤスーの『有限性の後で』(二〇〇六)の英訳者という肩書きが加わった[25]。

そのブラシエは、『ニヒル・アンバウンド——啓蒙と絶滅』(二〇〇七)のクライマックスに相当するパート(最終章)において、リオタールの「身体なしで思考することは可能か」を取り上げている。これは管見のかぎり、同論文が本格的な議論の俎上に載せられたほとんどはじめてのケースである[26]。

そのさい直接的に話題にされることはないが、ここでブラシエが念頭においていると思われるのが、現代思想における「絶滅」論である。この問題については、トム・コーエン、ティモシー・モートン、ユージーン・サッカーらによる複数の議論があるが、いまはその要諦を押さえるにとどめたい。ここで「絶滅」論と呼んでいるのは、自然災害や気候変動がますます切迫したものになりつつあるここ数十年のあいだに、さかんに論じられるようになったものである。いわく、今日のような「自然災害や気候変動、世界的規模の流行病が存在する時代」にあっては、われわれは「人間をその現実的、ないし仮説的な絶滅との関係において思考するよう、たえずうながされている[27]」。つまりここでいう「絶滅」とは、今まさに現実的な消滅の危機に瀕している生物種をめぐるものというより、われわれ人間という種の——将来における——絶滅を、あくまで思弁的なしかたで考えようとするものである。

こうした議論に輪をかけて、ブラシエの「絶滅」論は観念的なものである。そのポイントをもっとも簡潔にまとめれば、それは「太陽系の消滅」という事態によって、従来の「思考」の歴史が消失する可能性を考えようとするものだと言えるだろう。

そのさい、ブラシエが依拠するのはニーチェの次のような一節である。かつて、ニーチェは「道徳外の意味における真理と虚偽について」において、このような「寓話」を語っていた。

(25) Quentin Meillassoux, *After Finitude: An Essay on the Necessity of Contingency*, trans. Ray Brassier, New York, Continuum, 2008. ちなみに、ブラシエにはわずかながら音楽作品もある。これについては次の文献を参照のこと。仲山ひふみ「聴くことの絶滅に向かって――レイ・ブラシエ論」『現代思想』第四四巻一号、青土社、二〇一六年、一九四－二〇五頁。

(26) なお、こちらも管見のかぎり、『ニヒル・アンバウンド』の刊行後、英語圏の論文のなかでリオタールの「身体なしで思考することは可能か」への参照件数は飛躍的に増加している。ブラシエによるリオタール論をめぐっては、すでに次のような充実した論文もある。Ashley Woodward, "The End of Time: Evolution, Extinction, and the Fate of Meaning," in *Lyotard and the Inhuman Condition: Reflections on Nihilism, Information, and Art*, Edinburgh, Edinburgh University Press, 2016, pp. 11-40.

(27) Eugene Thacker, "Notes on Extinction and Existence," *Configurations*, vol. 20, no. 1-2, Winter 2012, p. 137（ユージーン・サッカー「絶滅と存在についての覚え書き」島田貴史訳、『現代思想』第四三巻一三号、青土社、二〇一五年、七九頁）。こうした時代精神を如実に示すものとして、サッカーはいわゆる「災害映画（disaster film）」にふれている――「『インデペンデンス・デイ』（一九九六）においては、絶滅は外部から、宇宙人の侵略というかたちで到来するのであり、このモチーフはH・G・ウェルズやそれ以前にまで遡る。しかし『デイ・アフター・トゥモロー』（二〇〇四）の頃までには、絶滅の脅威は内部から、人間の環境破壊の結果として起こるということが含意されるようになった。それゆえ絶滅を引き起こすのは、戦争の脅威ないし外敵脅威よりむしろ、内的脅威なのである。さらなる変化の一歩が『２０１２』（二〇〇九）において踏み出され、そこでは人間が原因であることすらなくなった。映画中の出来事は人間的関心の尺度と奇怪なまでに無関係な規模で起こったのである」。

昔々、きらめく無数の太陽系へと散らばりつつあった宇宙の片隅に、賢《さか》しらな獣が認識というものを発明した、ひとつの星があった。それは「世界史」におけるもっとも傲慢な、かつ欺瞞に満ちたひとときであったが、にもかかわらず、それはあくまでもひとときのことにすぎなかった。その星ではしばしのあいだ自然が芽吹きもしたが、まもなく冷え冷えとした塊へと変わってしまったため、賢しらな獣もまた息絶えるほかなかった――。誰かがこんな寓話をでっちあげたとしよう。しかし、これでもまだ、自然のうちにある人間の知性がいかに惨めで、暗く、儚いものであるか、あるいはそれがどれほど無目的で、気まぐれなものであるかを適切に描写しているとは言いがたい。かつて自然が存在する前には、永遠が存在していた。そして、たとえそれが人間の知性とともに完全に消え去ってしまったとしても、きっとそこでは何も起こることはなかっただろう(28)。

この「寓話」のポイントはこうである。この地球も、太陽系も、銀河系も、いつかその時が来ればあとかたもなく消滅する。そのように考えたとき、われわれからすれば膨大に思えるこの地上の出来事も、いつかその痕跡のいっさいを喪失するだろう。それでは、かつて起こった出来事の痕跡がすべて失われるとは、いったいいかなることを意味するのか。それは、結果的に「何も起こらなかった」ということに等しい。地球に人間が誕生してから絶滅するまでの――宇宙規模でみれば――わずかな時間、そこでは「何も起こることはなかっただろう」。この最後の文章は未来完了で書かれている。いま存在する人間の知性も、歴史も、意味も、人間が絶滅した後の世界では、あらゆるものが無意味になる。ここで、「いや、現実にそれらは存在している／いたではないか」と反論しても無駄である。なぜなら、ここで論じられている絶滅という事態は、そのような議論が可能になる土台そのものが消え去ることと同義であるからだ。ブラシエも指摘するように、恐るべきはこの未来完了――「何も起こることはなかっただろう」――なのだ。「このニーチェの「寓話」は、ニヒリズムにおけるもっとも不穏な暗示を、見事なまでに凝縮している」[29]。

　そしてリオタールの「身体なしで思考することは可能か」こそ、このニーチェの「寓話」をまさに思弁的な次元で論じてみせたテクストなのだ。その概要はさきほど見たとおりだが、これをふまえてブラシエは、リオタールがここで「思考」と「地上の地平」の相関を問題にしようとしていると指摘する。

　その地上の地平とは、「神」と呼ばれる形而上学の地平の崩壊――その消滅こそが、ニーチェによる「大地に忠実であれ！」（『ツァラトゥストラかく語りき』）という命法の原動力となっていた――を経由して、「原方舟」（フッサール）、「みずから退隠するもの」（ハイデガー）、「脱領土化され

（28）　Friedrich Nietzsche, » Über Wahrheit und Lüge im außermoralischen Sinn «, in *Werke in drei Bänden*, Band 3, München, Carl Hanser, 1956, S. 309（フリードリヒ・ニーチェ「道徳外の意味における真理と虚偽について」『ニーチェ全集〈3〉哲学者の書』渡辺二郎訳、筑摩書房、一九九四年、三四五頁）。

（29）　Ray Brassier, *Nihil Unbound: Enlightenment and Extinction*, Basingstoke, Palgrave Macmillan, 2007, p. 205（レイ・ブラシエ「絶滅の真理」星野太訳、『現代思想』第四三巻一三号、青土社、二〇一五年、五〇頁）。

たもの」（ドゥルーズ）といった準超越論的な身分を与えられてきたものである。だがリオタールが指摘するように、そうした地上の地平もまた、現在からおよそ四五億年後に太陽が絶滅するときに一掃されることになるだろう。［……］リオタールが述べているように「もしもわれわれがその答えを先延ばしにするためのエネルギーを汲み取っているこの無限の蓄えが、要するに冒険としての思考が、太陽とともに死に絶えてしまうのだとしたら、あらゆるものはすでに死んでいることになるだろう」。あらゆるものはすでに死んでいる［*Everything is dead already*］。太陽の死が破局《カタストロフ》であるのは、それが存在論的な時間性を、すなわち未来にたいする関係の地平を構築する哲学的な問いとして設定された時間性を無効にしてしまうからなのだ[30]。

ここからは、大きく二つのアーギュメントを抽出できる。そのひとつは、引用文の前半で述べられている存在論的な「地平」に関わるものだ。哲学・思想における「地平」という言葉は、ふつう「期待の地平」や「理解の地平」というかたちで比喩的に用いられる。こちらは、いわば認識論的な地平である。だが、「地平」にはもちろん文字通りの意味もあり、こちらは言わば存在論的な意味での「地平」ということになるだろう。

そして、ブラシエはそう明言してはいないが、ニーチェの「大地」にせよ、フッサールの「原方舟」にせよ、ドゥルーズの「領土」にせよ、これらの準超越論的な概念は、いずれもこの地球が「このようであること」を前提としている。リオタールの立場が興味深いのは、こうした地上の地平もまた、現在からおよそ四五億年後に太陽が消滅するときに一掃されることになるだろう、という破局的な見通しを示しているからだ。

そしてもうひとつは、どちらかといえば引用文の後半に関わる。リオタールの言うように、われわれの思考が、いつか太陽とともに死に絶えるとしよう。もしもそうだとすれば、われわれの思考は「すでに死んでいる」ことになる。なぜそのように言えるのかといえば、太陽の死という未来の出来事が、「存在論的な時間性」を、すなわち「未来にたいする関係の地平を構築する哲学的な問いとして設定された時間性を」無効にしてしまうからだ。

もうすこし敷衍しよう。「現在」をめぐるわれわれの思考は、「過去」と「未来」が存在論的に保証されるかぎりにおいて意味をもつ。まるで本物の地平線のように、われわれの意識においては〈過去－現在－未来〉が連なってひとつの「地平」をなしているからこそ、われわれは過去や未来に思いをめぐらせつつ、現在について考えることができる。だからこそ、未来のある時点において、その「未来」そのものが途絶するのだとしたら、「現在」の存在論的基盤もまた失われることになるだろう。そしてあらゆるものは、生きていようと死んでいようと、未来との関係においてはすべて潜在的に死んでいることになる。

来たるべき絶滅においては、すべてが無である。それゆえ絶滅とは〈時間－空間〉そのものの絶滅だと言うことも可能である。そしてカントにしたがうなら、構想力とはまずもって〈過去－現在－未来〉を取り集める能力のことであった。そのような前提のもと、過去は事後的に「投影」され、

（30） *Ibid.*, p. 223（同前、六七頁）。

未来はあらかじめ「把持」される。絶滅についての思考とは、現在においてあらかじめ把持されるべき未来において、すでに〈時間－空間〉が消滅しているということについての思考である。ブラシエはそれを、次のような――それこそ「寓話」的な――ヴィジョンとして示している。

生も精神も、究極の地平の崩落によって、すなわち今からおおよそ一兆×一兆×一兆（10^{36}）年後に、宇宙の加速度的な広がりが物質の組成そのものを崩落させ、身体化の可能性に終わりを告げるとき、遅かれ早かれ崩落に直面するだろう。あらゆる星々が燃え尽きてしまえば、宇宙は絶対的な暗黒状態へと突入し、それに費やされた物質の崩壊した抜け殻のほかには、何も後には残らないだろう。惑星上にあるものであれ、惑星間にあるものであれ、あらゆる自由物質は崩壊し、陽子《プロトン》や化学反応を基礎とする生の遺留物は根絶され、感覚をもったあらゆる生物の痕跡は――それが物理的な基盤をもつか否かにかかわらず――消し去られるだろう。最終的には、宇宙学者が「アシンプトピア」と呼ぶ状態、すなわち空虚な宇宙に散らばった星の残骸が、ごく短時間の素粒子の雹嵐として霧消する状態が訪れる。原子もやはり存在しなくなってしまうだろう。「ダークエネルギー」と呼ばれる、現時点では説明不能な力によって駆動された無慈悲な重力の広がりだけが持続することになり、そのエネルギーは、宇宙を永遠かつ測定不能な暗黒へとますます深く沈静させていくだろう。(31)

4　解放——未来の幼年期にむけて

ところで、ここまで見てきたようなブラシエの議論は、現代思想における枢要なトピックへの返答を兼ねていることに注意せねばならない。それが、カンタン・メイヤスーの「祖先以前性」である。

いまやひろく知られているように、メイヤスーは『有限性の後で』において、祖先以前的な存在、あるいはそれをめぐる科学的言明に着目することで、「世界」と「思考」の相関性を前提とする近現代哲学を「相関主義（corrélationisme）」と呼んで一蹴した。祖先以前的なものとは、「人間という種の出現に先立つ——さらには知られうるかぎりの地球上のあらゆる生命に先立つ——あらゆる現実」のことである。[32] ここでいう「あらゆる生命に先立つ現実」とは、たとえば地球から数億光年離れた星の光や、数億年前から存在する放射性同位体のように、現在でも観測可能な、生命ならざるものの物理的痕跡を含む。そして相関主義とは、「われわれは思考と存在の相関のみにアクセスでき、そのうち一方の項のみへのアクセスはできない」という発想のことである。[33] しかし祖先以前的

(31) *Ibid.*, p. 228（同前、七一－七二頁）。なお、（　）内の指数は正しいものに改めた。
(32) Quentin Meillassoux, *Après la finitude. Essai sur la nécessité de la contingence*, Paris, Seuil, 2006, p. 18（カンタン・メイヤスー『有限性の後で——偶然性の必然性についての試論』千葉雅也・大橋完太郎・星野太訳、人文書院、二〇一六年、一五－一六頁）。
(33) *Ibid.*, p. 26（同前、二四頁）。

な存在は、「思考」に先立って「世界」が存在するということを物理的なしかたで――それこそ身も蓋もなく――証明するだろう。祖先以前的な言明は、「思考が存在するはるか前から世界は存在する」という事実を持ち出すことにより、相関主義が前提とする「世界」と「思考」の根源的関係に疑問を投げかける。

ブラシエは、このようなメイヤスーの立論を基本的には支持している。ただし、そのさいにメイヤスーが持ち出す「祖先以前性」という概念の有効性については、まったく問題なしとはしない。いましがた見たように、メイヤスーのいう祖先以前性を立証するのは、地球から数億光年離れた星の光や、数億年前から存在する放射性同位体のような、生命が誕生するはるか前に生じた物理的現実である。だが、メイヤスーがこれをどれほど人間に「非相関的」であると言おうと、これらは「われわれに先行する」存在である以上、なおもわれわれの存在と連続的なものとして、誤って――あるいは中途半端に――理解される余地を残してしまうだろう。

これに対してブラシエが提唱するのが「事後性（posteriority）」である。これは、さきほどまで見てきた「祖先以前性」とは対称的に、「あらゆる生命の後に残された現実」を含意する。ごく簡単に言えば、それは生命が消滅したあとの地球、あるいは太陽系が消滅したあとの宇宙に存在する「何か」であると考えればよい。いわば、これはメイヤスーの「祖先以前性」を時間的にひっくり返した概念である。だが「祖先以前性」とは異なり、「事後性」のほうは「われわれの後に来る」存在として、中途半端な誤解を招く余地はない。なぜならそれは、人間にとってすでに意味のない世界、人間が消滅したあとの世界の現実だからである。ブラシエによれば、「祖先以前性という概念がもたらす前提だけでは、相関主義の強弁を失墜させるのに十分」ではなかった。なぜなら相関主義者にたいして、人類以前に存在した時間と、人類中心的な時間のあいだには決定的な裂け目があるという事実を突きつけようと、人はそれを（軽率にも）クロノロジカルな枠組みによって理解しようとするからだ。これは〈過去−現在−未来〉というセットが、あまりに強固な枠組みとしてわれわれのうちにインストールされているからだろう。「それとは対照的に、絶滅の事後性は、それを「われわれにとっての」相関物へと変えるクロノロジカルな手なおしの余地など微塵も残さないような、ある物理的な消滅を示すものである[34]」。

事前性と事後性のあいだには根本的な非対称性がある。人類以前の時間と人類中心の時間のあいだにある分裂が——前者が先立ち、後者がそれに続くという経験的な想定にもとづいて——クロノロジーの産物と考えられていたのに対して、相関主義的な時間と、絶滅の時間のあいだには絶対的な分裂が存在する。それは、絶滅がたんに時空間的に定位可能な出来事ではなく、それゆえクロノロジカルに操作することのできる何もの《サムシング》かではないという理由によるのではなく（もちろん絶滅はそうしたものでもあるのだが）、むしろそれが時間−空間の絶滅であるという理由によっている。よって、絶滅はこれから相関関係を終焉させるのではなく、すでに遡行的なしかたで相関関

（34） Ray Brassier, *Nihil Unbound: Enlightenment and Extinction*, op. cit., p. 229（レイ・ブラシエ「絶滅の真理」前掲論文、七三頁）。

係を終焉へと至らしめていたのだ。絶滅は、つねにすでに存在していた未来と、今後もけっして存在することのない過去という二重のピンセットによって、そのあいだにある相関関係の現在を掌握する。[35]

*

ここまで、ブラシエによる「絶滅」論をもとに、リオタールの「身体なしで思考することは可能か」を読みなおしてきた。いくぶん長い迂回になったが、ここで議論をあらためてリオタールのほうに折り返してみたい。

まず指摘しておきたいのは、リオタールが「ポスト太陽的な思考」について論じているのは、かならずしも「身体なしで思考することは可能か」だけではないということだ。たとえばその数年後の「ポストモダンのひとつの寓話」（一九九二）では、やはりこれと似たような議論が示されつつ、ブラシエが引くニーチェの「寓話」と見まがうばかりの文章が綴られている。[36] マルローやアウグスティヌスをめぐる著書の影に隠れがちではあるが、本章で問題にしている「ポスト太陽的な思考」は、まぎれもなく後期リオタールの関心事のひとつだった。そのもっとも象徴的と言えるパッセージは次のようなものである。

今日のわれわれにとっての未来は「……」なんらかの希望をかたちづくるものではない。ここでいう希望とは、なんらかの最終的な完遂を約束する、あるいは約束されている物語《イストワール》の主体の希望である。ポストモダンの寓話は、それとはまったくべつのことを語る。〈人間〉あるいはその脳は、確率的にきわめて珍しい物質的（エネルギー的）形成物である。それは過渡的であることをまぬがれない。というのも、それは恒久的ではない地上の生命の諸条件に左右されるからである。〈人間〉あるいは〈脳〉と名づけられたこの形成物が、そうした諸条件の消滅ののちになお存続すべきであるとするなら、それはほかのより複雑なものによって乗り越えられねばならない。〈人間〉や〈脳〉は、差異化とエントロピーのあいだの闘争のひとつの逸話にすぎないことになってしまっているだろう。複雑化の追求は〈人間〉の完成を要求しない。ただ、より効率的なシステムのために、変異し解体することを要求するのである。〈人間〉が発展の原動力であると自慢するのは、とんでもない間違いである。〈人間〉が発展というものを、意識と文明の進歩と取り違えているのは勘違いもはなはだしい。〈人間〉はその発展の産物であり、その運搬役であり、証言者であるにすぎない。〈人間〉が発展にたいして、その不公平にたいして、その不規則性にたいして、その宿命にたいして、その非人間性にたいして投じることのできる批判ですら、そのようないろいろな批判ですら発展の諸表現であり、発展に寄与しているのである。[37]

（35） *Ibid.*, p. 230.
（36） MP 79-94（一一二－一三四頁）。
（37） MP 92-93（一三一－一三二頁）。

この「寓話」によれば、〈人間〉は「発展」のための一時的な乗りものにすぎない。〈人間〉がその発展の原動力であると自慢するのは、「とんでもない間違い」であり、〈人間〉はあくまでその発展の「産物、運搬役、証言者」の地位にとどまる。「発展は〈人間〉の発明ではない。〈人間〉が発展の発明なのである」[38]。

本書の関心からすれば、ここでリオタールは、かつて「資本主義」をめぐって行なっていた議論を、より一般的に「発展（développement）」の形而上学として練り上げている――前章の議論とあわせて、まずはそのことを指摘しておくべきだろう。

他方、リオタールは「掌握」（一九九〇）という謎めいたテクストにおいて、同じく「ポスト太陽的な思考」に連なる問題を提起している。それは、やはり「寓話」と題された、同テクストの間奏曲に相当するパートにおいてである[39]。そこでリオタールは、「人類」の行く末をめぐって次のような認識を示している。

告白すると、わたしはこの暗い時代において、次のような想像をしている。われわれがいまなお解放と呼んでいるもの――意志決定者が発展とよぶもの――は、われわれの太陽と、この小さな惑星・地球によってかたちづくられた、宇宙の小さなエリアにおける複雑化のプロセス（力学でいうネゲントロピー）を触発してきたし、今なお触発している。人類とは、この発展について書く作家であるどころか、たんなる一時的な、しかしさしあたりはもっとも完璧な乗りものにすぎない。現在すでに稼働中であり、今後も成長するよう制御されているこのプロセスは、人間の脳の許容量を超えて持続するだろう。[40]

ここからは、さきほどの「ポストモダンのひとつの寓話」とそう変わらない内容が読み取れるだろう。だがこの「掌握」では、ほかの二つのテクストには登場しない、ある言葉が大きな鍵を握る。それこそ、すでにここまで累々論じてきた「幼年期《インファンス》」である。この言葉は、同論文においてはまず通常の意味で、すなわち「大人未満」のものをさすべく登場する。だがそのうえで、リオタールはここでひとつの捻れた議論を導き入れる。一般的な通念にしたがえば、いまだ自立的な段階にはない「幼年期」は、ほかの何ものかによって「掌握」されるほかない存在である（その場合、掌握するほうのポジションにあるのはもちろん「大人」である）。だがリオタールによれば、あらゆる「幼年期」は他者に「掌握される」がままにとどまると見えながら、実のところあらゆる人間を「掌握する」ものでもある。このような反転はいかにして正当化されるのか。

ここで表題（「掌握」）の含意を見ておこう。

マンケプス［*manceps*］とは、所有ないし占有というしかたで〈手に取る〉ひとのことである。そ

（38） MP 87（一二三頁）。
（39） TU 8-9. 単行本では見出しがすべて削除されてしまっているが、初出の論文において、このパートは「寓話（La fable）」と題されていた。Jean-François Lyotard, « La Mainmise », *Autres Temps*, no. 25, 1990, pp. 16-26.
（40） TU 8.

してマンキピウム〔*mancipium*〕とは、この〈手に取る〉身振りを指し示すものである。だがそれ〔*cela*〕――マンキピウムは中性の単語だ――はまた、マンケプスによって〈手に取られる〉ひとを指し示すこともある。それは奴隷のことであるが、誰かへの奉仕ではなく、帰属というかたちで示されるものだ。マンキピウムは自分自身に帰属していない。それゆえ、何かを所有する能力もまた持ち合わせていない。かれらは他人の手のなかにいる。他人の手に捉えられている、捕まえられているというこの状態を指し示すために、それを依存＝従属〔dépendance〕というだけではあまりに不十分である。(41)

ここで導入される「マンケプス」や「マンキピウム」という単語は、いずれもローマ法に由来する。これに続けてリオタールが言うには、大人たちはみずからが「マンケプス」であり、反対に子供たちは「マンキピウム」であると思い込みがちである。だが、こうしたありきたりな思惟の伝統は反転しうるのではないか。すなわち、大人こそがみずからの「幼年期」に捕らわれている「マンケプス」なのではないか。人間がこの先どれだけ「解放」されようとも、そこではわれわれの内なる「幼年期」が、つねに人間そのものを「掌握」しつづけているのではないか――そのような問題提起とともに、この論文は始まっている。

なかでも無視しえないのは、次の一節を含む「時間」をめぐる話題である。

伝達の加速、プロジェクトの性急さ、情報における記憶の飽和、あるいは情報技術者が「リアルタイム」とよぶ、出来事と情報（記録）におけるその再現のあいだのほとんど完璧な（光の速さでの）一致——これらすべてのことが、時間の掌握［*mancipium*］に対する激しい闘争を証言している[42]。

ここまでの議論をふまえれば、「時間の掌握に対する激しい闘争」というものがいかなる事態を示しているのか、その大要は推し量れよう。人間はますます急いでいる。時間を可能なかぎり節約し、理想的にはすべてを「リアルタイム」に近づけようとしている。なぜなら緩慢さは致命的な「欠如」につながるからであり、その有無によってマンケプス／マンキピウムの立場が入れ替わるからだ。

こうした容赦ない闘争が「時間」をめぐってなされるいっぽう、その闘争からの解放も、やはり「時間」をめぐってなされるほかない。ここまでの議論を通じて繰り返し見てきたように、時間の加速に巻き込まれない「何か」を見いだすことこそ、リオタールは哲学、文学、芸術といった営為の核心だと考えていた。その「何か」はいくつかの呼称をもっているが、「幼年期」もまたそのひとつである。いくぶん象徴的に言えば、「幼年期」とは未来における〈掌握不可能な残余〉なのだ、と考えることもできるだろう。

（41）TU 3.
（42）TU 10.

発展がどれほど先まで進もうとも、そこにはかならず「掌握」を逃れるものがある。リオタールの（一部の）思想がいかに昨今の加速主義と似通って見えようと、そこで「幼年期」をはじめとする掌握不可能なものが確保されている点で、そこには決定的な隔たりがあるように思われる。いずれにせよこの問題は、本章前半で概観したような思想地図のなかで、引き続き考えられるべきものだろう。

時間的には過去でありながら、未来においてしかその姿を見せることのない幼年期——いくぶん抽象的な議論に終始するおそれのあるこの概念をめぐって、最後にあるひとつの物語を語りたい。それをもって、本書の最終幕とする。

終章

ポストモダンの幼年期

あるいは、瞬間を救うこと

1　ポストモダン再論

かつて「ポストモダン」という言葉が世を賑わせた時代があった。

では、その「時代」とはいつのことであったのか。観測方法によって若干のばらつきはあるものの、資料や文献を遡るかぎり、それはおおよそ一九八〇年代半ばのことであった、とさしあたりは言うことができる。とはいえ、当時すでに「ポストモダン」をめぐるなんらかの共通認識が存在していたわけではない。いや、「ポストモダンとは何か」という問いをめぐって喧々囂々の議論が交わされていた往時にくらべると、人々の脳裏に浮かぶ「ポストモダン」は、いくぶん漠然としたしかたであれ、今日のほうがはるかに統一的な姿を見せているようにすら思われる。

では、その姿とはいかなるものか。たとえば、すでに二〇世紀の終わりには、いわゆる「ポストモダン」をめぐって次のような記述が当たり前のようになされていた。当時たまたま目に入った一般書からざっと抜粋すると、そこでは「近代を支えていた」さまざまな価値の崩壊、「虚」と「実」の絶え間ない反転、「メインストリーム」と「サブカルチャー」の交替、等々といった内容が、典型的に「ポストモダンな」ものとして挙げられている。なおかつ、それらの論拠となる参照元が逐一挙げられていないことから、逆説的にも、二〇世紀末には「ポストモダン」をめぐる以上のよう

な共通認識がおおよそ形成されていたものと考えられる。(1)

かたや、ポストモダン、あるいはポストモダニズムをめぐる議論には、いまなお一定の不和が見られる。管見のかぎり、そのほとんどは、肝心のモダニズムをめぐる認識の相違にこそ起因しているように思われる。ここではごく簡略的な説明にとどめるが、そもそもモダニティ(モデルニテ)というものが——ボードレール以来——時間概念であるとともに価値概念であり、なおかつその領域がきわめて広い範囲にわたっていたことは、いまさら繰り返すまでもない周知の事実である。モダニズムをめぐる議論が時に混乱した様相を呈するのはそのためであり、そこでは同じ概念をめぐって議論が交わされていながら、そもそも前提とされるべき共通の土台が欠けていることが珍しくない。そして、モダン(モダニズム)をめぐる人々の認識がそもそも一枚岩ではない以上、それに立脚したポストモダン(ポストモダニズム)をめぐる不和も、いっそう甚大なものとならざるをえない——これらのことが、ポストモダンをめぐる議論を困難なものにしている最大の原因である。

この終章で考察の対象とするのは、リオタールの『ポストモダンの条件』が刊行された一九七九年から八四年までの状況である。この期間に対象を絞ることそのものに、何か必然的な理由があるわけではない。だが、この五年間にリオタールが直面した事態をいくぶん詳しく見ていくことで、歴史的対象としての「ポストモダン」のひとつの断層を切り出すことを、ここでは試みたい。それは最終的に「いまなぜポストモダンか」という問いへの間接的な応答にもなりうるはずである。

(1) 中村とうよう『ポピュラー音楽の世紀』岩波書店、一九九九年。

2　ポストモダニズム

まずは基本的な事実の確認から始めたい。リオタールの『ポストモダンの条件』に、「ポストモダニズム」という単語は一度たりとも登場しない。それどころか——これはあまり知られていないことかもしれないが——同書に登場する「ポストモダン」という単語は、表題のそれを含めてすべて形容詞（postmoderne）であり、すくなくともフランス語の原文を読むかぎり、名詞としての用法はいっさい見つからない。言いかえれば、この段階で「ポストモダン」や「ポストモダニズム」という言葉はいまだ名詞（postmodernité, postmodernisme）としては用いられていなかった。次がその証拠である。

この研究が対象とするのは、高度に発展した社会における知の状況である。われわれはそれを「ポストモダン」と名づけることにした［Cette étude a pour objet la condition du savoir dans les sociétés les plus développées. On a décidé de la nommer « postmoderne »］(2)。

われわれの作業仮説は、社会がいわゆるポスト産業時代に、文化がいわゆるポストモダン時代に突入すると同時に、知のステータスにも変化が生じるというものである［Notre hypothèse de travail est que le savoir change de statut en même temps que les sociétés entrent dans l'âge dit postindustriel et les culture dans l'âge dit postmoderne］(3)。

これらは、それぞれ同書の序文と第一章の書き出しである。あえて原文を添えたのは、前者が引用記号つき、そして後者が「いわゆる」という留保つきで用いられていることを確認するためである。くわえて先述のように、ここでの「ポストモダン」が「状況」および「時代」を形容するものとして、それぞれ（名詞ではなく）形容詞として用いられていることにも注意が必要である。

なぜこのことを強調するのかといえば、リオタールをたんなる「ポストモダンの伝道師」とみなす人々の多くが、こうした事実をしばしば見過ごしているように思えるからだ。もちろん、同書のなかでリオタールが「モダン」と「ポストモダン」を対照させていることは間違いない。しかし、それは「科学的な知」の正当性を主題とする同書の立論上の都合によるものであって、その内実は「モダンからポストモダンへ」といった単純な図式に還元されるものではない。ましてやそれは、モダンという「大きな物語」が信じられていた時代から、ポストモダンという無数の「小さな物語」が跋扈する時代へ、といった粗雑きわまりない対立として把握されるべきものでもない（そのような内容は、同書のどこにも見当たらない）。

本書でもたびたび指摘してきたことだが、『ポストモダンの条件』は——その副題が示すように——もともとカナダ・ケベック州の大学協議会からの依頼に応じて書かれた「知についての報告書

（2）　CP 7（七頁）。
（3）　CP 11（一三頁）。

(rapport sur le savoir)」であった。言ってみれば、これは当時の先進国の「知」の状況を伝えるために書かれた、広い意味での報告書《レポート》なのである。しかし数奇な定めというほかないが、これがフランスのミニュイ社から刊行されるやまたたく間に反響をよび、同書はリオタールを「ポストモダンの哲学者」として知らしめる大きなきっかけとなった。こうした一連の経緯については、今日では比較的よく知られているだろう。

なおかつそのような趨勢は、同書の英訳刊行によって決定的なものとなる。『ポストモダンの条件』の英語版は、フレドリック・ジェイムソンの序文を添えて、一九八四年にミネソタ大学出版会から刊行された。その序文を読むと、あたかもリオタールが同書において「ポストモダニズム」を唱えたかのような記述がいたるところに見られる。ジェイムソンの筆致はもちろんそれなりに慎重なものではあるが、それでもこの序文を読むかぎり、当のリオタールこそが「ポストモダニズム」とよばれる思想を喧伝し、それまで支配的であったさまざまな価値体系からの断絶を宣言した人物である、という印象を与えることは否めない。いずれにせよ、ジェイムソンによるこの序文は、一九八四年当時の英語圏におけるリオタールの立場を伝える資料として、一読に値するものである。[4]

かくして一九八〇年代前半に、リオタールは突如として「ポストモダン」をめぐる賑々しい論争に巻き込まれることになった。その様子を伝えるもうひとつの文献が、この問題にかんするリオタールの応答を集めた『こどもたちに語るポストモダン』(一九八六)である。その序文によれば、当時すでにポストモダン(を唱えたとされるリオタール)には、「非合理主義、知的テロリズム、ニヒリズム」といったお決まりの非難——というより罵詈雑言——が寄せられていたという。[5] リオタールはそうした攻撃をさほど意に介さなかったというが、それでもやはり、おのれに寄せられた一方的な非難に対しては、それなりに反論を試みることもあった。同書には、おおむねそうした類いのテクストが収められている。

こちらもよく知られる通り、そこでリオタールが真っ先に退けようとしたのが、モダンの「後」に来る時代としてのポストモダン、という通俗的な見かたにほかならない。その接頭辞（post-）が喚起する意味内容とは裏腹に、ポストモダンはモダンの「後」の時代のことではない。いわく、モダンという時間／価値概念には、もともと「おのれを異なる状態へと至らしめる衝動」が含まれている。したがって、かりにモダンからおのれを引き離そうとするのがポストモダンであるのなら、構造上それはモダンという時間概念、ないし価値概念のうちに含まれていると言えるだろう。ゆえに、ポストモダンとはモダンに続く「新しい」時代のことではない。それは「モデルニテが我がものとする複数の特徴の書きなおしであり、なかでも、科学と技術による人類全体の解放という企図のうちにみずからの正当性を基礎づけようとする、モデルニテの意図の書きなおし」のことである。そして「この書きなおしは、すでに述べたように、はるか以前からすでにモデルニテのなかで行なわれていた(6)」。

（4） Fredric Jameson, "Foreword," in Jean-François Lyotard, *The Postmodern Condition: A Report on Knowledge*, trans. Geoff Bennington and Brian Massumi, Minneapolis, University of Minnesota Press, 1984, pp. vii-xxi.
（5） PE 9（七頁）。
（6） I 43（四六頁）。

リオタールは、時にモンテーニュやディドロを典型的な「ポストモダンの」思想家として挙げることがある。これは一見すると奇妙なことのようにも思えるが、前述のような事情をふまえれば、こうした言説の背後にある動機も知れるというものだろう。それは、ポストモダンがかならずしも特定の時代や様式をさすものではなく、むしろ近代——さらにはそれ以前——のなかにあって、既成の約束事を超えていこうとする姿勢であることを強調するための、いくぶん誇張されたアナクロニズムなのだ。

3 抵抗の戦略

ここまで見てきたような事情から、一九八〇年代半ばのリオタールは、世界各地から舞い込む講演やインタビューに応じるなかで、しばしば同じような発言を繰り返さざるをえなかった。ポストモダンは、いわゆる「モダニズムの終焉」のことではない、それは「モダニティ」の書きなおし、あるいは「モダン」そのものの問いなおしのことである——『こどもたちに語るポストモダン』のみならず、この間になされたさまざまな対談やインタビューに片っ端から目を通していくなら、そこではかなりの確率で同じような記述に突き当たるはずである(7)。

とはいえ、そうした状況に不満を募らせるリオタールにも、むろんその責任の一端がなかったわけではない。かれは先のような表層的な「ポストモダン」概念を、みずからの意図とは異なるものとしてしりぞける構えを崩さない。だが、リオタールの著作物のうちに、そもそもモダンに含まれる「様相としての（modal）」ポストモダンと、モダンを支えていた価値が失墜した「時代としての（epochal）」ポストモダンがともに見られることは明らかである。(8) ゆえに八〇年代前半のリオタールは、おのれにふりかかった「誤解」を払拭するかに見せて、そもそも曖昧なかたちで提出したかつての理論に、そのつど必要と思われる「修正」を施そうとしていたと考えるべきである。

前節でも述べたように、『ポストモダンの条件』の中心にあるのは「科学的な知」の正当性をめぐる議論にほかならない。近代に大きな進展をみせた科学的知が、それを外部から支えていた物語的知の失墜によって、ある深刻な変容をきたしているのではないか——それが、同書におけるもっとも核心的な問いであった。同書についてはしばしば「大きな物語」云々、という議論のみが取り上げられるきらいがあるが、これが広い意味での科学認識論《エピステモロジー》に連なる書物であることは、ここであらためて強調しておく必要があるだろう。とはいえ『ポストモダンの条件』はその性格上、知の現状をめぐる「報告書」という体裁にとどまっており、そこでリオタールその人の思想がさほど強く打ち出されていたわけではない（言語ゲーム論を土台とする同書の哲学的な基盤が示されるには、その四年後

（7）単行本未収録のものとしては、たとえば次を参照のこと。Jean-François Lyotard, Willem van Reijen et Dick Veerman, « Les lumières, le sublime », *Les Cahiers de philosophie*, vol. 5 « Jean-François Lyotard : Réécrire la modernité » (1988), p. 64.

（8）リオタールにおける「ポストモダン」概念の複数の含意については、次の論文において詳細に論じられている（本文における modal と epochal という形容も同論文に依拠している）。Niels Brügger, "What about the Postmodern? The Concept of the Postmodern in the Work of Lyotard," *Yale French Studies*, no. 99, 2001, pp. 77-92.

の『文の抗争』を待たねばならない)。だが、のちにみずからに寄せられたさまざまな批判に応じるなかで、リオタールはテクノロジーの発展がもたらす変容と、それにたいする「抵抗」への構えを次第に隠さなくなる。

これを具体的に証し立てるテクストはいくつかあるが、ここではひとつだけ見ておくことにする。それは、ジョージ・オーウェルの『一九八四年』を論じた「抵抗をめぐる補註」(一九八五)である。[9] リオタールによれば、この作品においてオーウェルが露わにしようとするのは、全体主義にたいする「理論的」批判ならぬ「文学的」批判である。

オーウェルはここで、官僚支配にたいする理論的批判を開陳しているのではない。この、完成された全体主義をめぐる小説が、なんらかの政治理論にいたることはない。オーウェルは文学作品を書きながら、批評が官僚の支配に抵抗することができるジャンルではないことを示唆している。それどころか、官僚支配と批評のあいだには、ある親和性ないし共犯性がある。いずれもおのれが関わる領域にたいする、完全なるコントロールを行使しようとするからだ。これに対して文学のエクリチュールは、それがある欠乏を要求する芸術的エクリチュールであるがゆえに、たとえそのように意志せずとも、完全なる支配ないし透明性というプロジェクトに加担することはないのである。[10]

リオタールは、ここに見られるような文学的抵抗を「瞬間を救う(sauver l'instant)」という表現によって――複数回にわたり――言いかえている。いったい何から「瞬間」を救うのか。それは、「慣れ」や「言外の意味」からの救済であり、技術改革《イノベーション》という「既定路線」からの救済である。

この戦いは、書くこと《エクリチュール》が「『一九八四年』の」官僚支配的な〈ニュースピーク〉にたいして挑む戦いである。ニュースピークは（なんらかの）到来する出来事の輝きを失わせずにはおかない。感情のコードにたいする愛のゲリラ戦にも、慣れや言外の意味に抗って瞬間を救うという、同じ目標が賭けられている。／これに加えて、〈ニュースピーク〉の〈ニュー〉を正しく取り扱い、現実の（一九八四年の）政治的ならざる経済的、マスメディア的な全体主義を明らかにするために、次のことを付け加えたい。すなわちそれは、技術改革《イノベーション》という既定路線にまつわるもうひとつのモードからも、やはり瞬間を救わなければならないということである。ここでの技術改革とは売るためのものだ。売ること、それは使用ないし損耗による事物の破損と、代価の返済による商取引の終

（9）PE 135-151（一四三－一六〇頁）。なお、次も参照のこと。ジャン＝フランソワ・リオタール「抵抗についての注釈」郷原佳以訳、秦邦生編『ジョージ・オーウェル『一九八四年』を読む――ディストピアからポスト・トゥルースまで』水声社、二〇二一年、九五－一〇八頁。

（10）PE 137-138（一四四－一四五頁）。なお、ここでリオタールは、クロード・ルフォールによる『一九八四年』論（Claude Lefort, « Le corps interposé », *Passé Présent*, no. 3, 1984）を敷衍するかたちでみずからの議論を提出している。本文で示唆したこととも関連するが、リオタールとルフォールが、かつて「社会主義か野蛮か」で政治活動をともにしていたという事実をふまえるなら、これはけっして些末な事実ではない。リオタールとルフォールの関係については次も参照のこと。郷原佳以「解題」、秦邦生編『ジョージ・オーウェル『一九八四年』を読む』前掲書、一〇九－一一二頁。

結をあらかじめ先取りすることである。(11)

ここでリオタールが言っていることは、むしろ今日においてこそ迫真性を帯びるように思われる。われわれが用いる言語のほとんどは円滑な意思疎通のための道具となり、日々の生活のなかで生じる感情は、いくばくかの定型的な反応によってあらかじめコード化されている。いたるところで奨励される「イノベーション」は、それが一定の成果を約束し、すでにあるシステムをなんらかの意味で改善するかぎりにおいて言祝がれる。すべてはより効果的な「パフォーマンス」を目的とする交換の体制に組み込まれ、それは回り回って資本主義をさらに強固なものとする。

この時期、リオタールはこうした現状――「経済的、マスメディア的な全体主義」――に抵抗するための「ゲリラ戦」を、絵画や文学をはじめとする芸術的実践のうちに見いだしていた。そうした意図を読み取ることなく、リオタールの文学論や芸術理論の内容をただ追いかけても、それはほとんど徒労に終わるだけである。この間のリオタールは、一見するとバーネット・ニューマン、ダニエル・ビュレン、ジャック・モノリをはじめとする美術作家について、ただ理論的な文章を執筆していただけのようにも見える。しかし実のところ、かれはおのれがかつて「ポストモダン」と名づけた「状況」にたいする抵抗の手立てを、さまざまなかたちで模索していたと考えるべきだろう。

4 瞬間の救済

同じ一九八四年の春、リオタールがパリで行なった非公式の講演の記録がある。[12] 聴衆は比較的少数であった。というのも、それは大勢を前にした講演会というより、翌年に開催を控えたある展覧会の進捗状況を伝える、内々の報告会のようなものだったからだ。長らくポンピドゥー・センターのアーカイヴに眠っていたこの講演の書き起こしは、従来ごくわずかな研究者のあいだでのみ知られていたが、二〇一五年にある英語の論集に収録されたことで、ようやく日の目を見ることとなった。[13]

本書でも繰り返し見てきたように、一九八五年の三月から七月にかけて、リオタールが監修した「非物質的なものたち」という展覧会が、開館して間もないポンピドゥー・センターで行なわれた。[14] もともとこの展覧会の企画は、パリの産業創造センター（ＣＣＩ）の主導のもと、すでに八一年には動き出していたものだった。しかし八三年にリオタールが本企画の指揮をとることが急遽決定され、最終的にはＣＣＩのティエリー・シャピュとともに共同で監修を行なった。今ではそう珍しいこと

（11） PE 142（一五〇–一五一頁）。
（12） Jean-François Lyotard, "After Six Months of Work...(1984)," trans. Robin Mackay, in Yuk Hui and Andreas Broeckmann (eds.), *30 Years After Les Immatériaux: Art, Science and Theory*, Lüneburg, meson press, 2015, pp. 29-66.
（13） この講演原稿の書き起こしは、それまでアントニー・フーデックによる綿密なアーカイヴ調査を通じてのみその存在が知られていた。Antony Hudek, "From Over- to Sub-Exposure: The Anamnesis of Les Immatériaux" (2009), in Yuk Hui and Andreas Broeckmann (eds.), *30 Years After Les Immatériaux*, *op. cit.*, pp. 71-91.

ではないが、かならずしも芸術を専門としないひとりの哲学者が原案に関わった展覧会というのは、当時としては例外的なものだった。のちにジャック・デリダ、ジュリア・クリステヴァ、ジャン゠リュック・ナンシー、ブリュノ・ラトゥールらが続くことになるその――とりわけフランスの――新たな伝統に先鞭をつけたのが、この「非物質」展なのである。

一九八〇年代前半のリオタールの仕事が「ポストモダン」概念となんらかの関わりをもっていたかと問われるなら、一方では、いかなる関係ももっていなかったという言いかたがありうる。リオタールの哲学的主著として知られる『文の抗争』には、「ポストモダン」という言葉が複数回登場するものの、そこに内容との有意な関連はまったくない。同書はあくまでも言語哲学の書であり、そこに『ポストモダンの条件』との連続性がまったくないわけではないが、この二冊は基本的に異なる関心のもとで書かれていたと考えたほうがよい。

しかし前々節で見たように、他方でこの時期のリオタールは、さまざまなところで「ポストモダン」の軌道修正を試みていた。いくぶんセンセーショナルな問題提起として受けとめられたおのれの思想が一般に理解されているようなものではないことを、リオタールはさまざまなところで明言している。その真の――あるいは事後的に修正された――意図を伝えるという動機に突き動かされていたという意味では、八〇年代前半のリオタールの仕事は、確実に「ポストモダン」という概念の呪縛のなかにあったと言える。

「非物質的なものたち」は、まさしくそうした「呪縛」からの解放の契機となりうるはずだった。当時のプレスリリースをはじめとする文書は、この展覧会の解説文に踊る「ポストモダン」というキャッチフレーズを明瞭に伝えている。前述のように、この展覧会はもともとパリのCCIの主導により企画されていたところ、その準備段階でリオタールを共同監修者に迎えることが決定された。リオタール本人も、なぜ自分がこの企画に加わることになったのか、はっきりしたことはわからないといった発言を残している。しかし客観的に見れば、その背景に『ポストモダンの条件』にたいする国内外の大きな反響があったことは、火を見るよりも明らかである。

本書第五章で見たように、「非物質的なものたち」は、開館から数年が経過したポンピドゥー・センター最大の展覧会として大きな注目を集めた。だが、当時の新聞記事などを読むかぎり、同展はお世辞にも好評をもって受け入れられたとは言いがたい。対外的には「ポストモダンな」空間を売りにした展覧会そのものが難解を極めたこと、さらには鑑賞に不可欠なヘッドフォンに技術的な不具合が頻発したことも、そうした不評の大きな要因であったらしい。そうした反応にたいする失望のためか、リオタールは九八年に亡くなるまで、同展についてこれといった証言を残さなかった。[15]また、のちに世に出たリオタールの研究書を眺めてみても、この展覧会にふれたものはほとんど見当たらない。[16]

（14）おそらく日本語では唯一と思われる「非物質的なものたち」の展評のなかで、美術家の山口勝弘はこれを「美術展ではない」と断言している。山口はむしろこれを、「ポスト・モダンの時代を考えるための展覧会」であり、「いまの後期近代をどう考えたらいいのか、どうとらえたらいいのかということを、哲学者のリオタールが中心になって組織した展覧会である」と評している（山口勝弘「新生パリ・ビエンナーレとリオタールの企画展に見るバランス・オヴ・パワー」『美術手帖』一九八五年八月号、一四三頁）。山口の報告にはところどころ事実と異なるところもあるが、当時の一般的な来場者の見かたを伝える貴重な資料として一読に値する。

しかし、それから三〇年後に状況は一変する。

二〇一五年、ユク・ホイとアンドレアス・ブロックマンの編集による『「非物質的なものたち」から三〇年後――芸術、科学、理論』という論文集が公にされた。八四年に行なわれたリオタールの講演記録をはじめ、それまで謎に包まれていた「非物質」展の生成過程は、同書によってかなりの部分が明らかにされた。この画期的な論集のもとになった前年のシンポジウムの場で、企画者の一人であるブロックマンは「いずれ手遅れになる前に」この展覧会にまつわる包括的な研究を行なうべきだと発言したという。[17] 事実、「非物質」展の資料はポンピドゥー・センターの倉庫に残されてはいたものの、展覧会という形式がもつ一過的《エフェメラル》な性格ゆえに、これにまつわる証言は日を追うごとに失われていった。九八年に逝去したリオタールはもちろんのこと、この展覧会を実見した人々も、次第にこの世から姿を消しつつある。そうした問題意識に突き動かされてか、展覧会から三〇年後の二〇一五年を境に、世界各地でこの展覧会を回顧する動きが見られるようになった。現在ではアンドレアス・ブロックマンが中心となり、「非物質」展についての国際的な研究ネットワークが立ち上がっている。[18] そして一方のユク・ホイは、『ポストモダンの条件』の刊行から四〇年を記念したカンファレンスを、二〇一九年に中国美術学院（杭州）で開催した。[19]

これらをわざわざ引き合いに出すまでもなく、すでに「ポストモダン」はリオタールが強調したような「モダンの様相のひとつ」であることを超えて、ひとつの確固たる歴史的対象へと転じている。なかでも、先の「非物質」展が大きな関心を集めている理由は、それがすぐれてエフェメラルな「ポストモダンの遺留物」であるという事情に拠るところが大きいのではないだろうか。つまりそれは、一九六〇年代から七〇年代の記念碑的な展覧会よりは現代に近いが、九〇年代から二〇〇〇年代にかけての展覧会と比べると遠く、アクセスしうる資料にも乏しい。[20] 同展覧会のアーカイヴ調査もいまだ端緒についたばかりであり、今後いったいどれだけのことが明らかになるのか、いまだその具体的な見通しは立っていない。[21] いずれにしても、「非物質」展が含みもっていた諸問

(15) ただし、リオタールは一九八八年の来日のさい、浅田彰との対談のなかで「非物質的なものたち」について次のようなコメントを残している。「そう、今のところわれわれは退行的なフェーズにあり、電子テクノロジーの生む新たな無学文盲というきわめて深刻な問題に直面しています。ただ、私は決してハイ・テクノロジー一般を否定するつもりはない。むしろ、そこに介入し、それを使って何ができるか実験してみるべきだ。それで、数年前にポンピドー・センターで〈非物質《インマテリオー》〉と題する展覧会の組織を頼まれたときも、蛮勇をふるって引き受けたわけです」(浅田彰『「歴史の終わり」と世紀末の世界』小学館、一九九四年、二〇八頁)。

(16) ただし例外的に、一九九三年というかなり早い段階で本展覧会の意義をみとめた研究書もある。Martin Jay, *Downcast Eyes: The Denigration of Vision in Twentieth-Century French Thought*, Berkeley, University of California Press, 1993(マーティン・ジェイ『うつむく眼――二〇世紀フランス思想における視覚の失墜』亀井大輔・神田大輔・青柳雅史・佐藤勇一・小林琢自・田邉正俊訳、法政大学出版局、二〇一七年)。

(17) Kiff Bamford, *Jean-François Lyotard*, London, Reaktion Books, 2017, p. 107.

(18) 「非物質」展の三〇年後に世界各地で行なわれた研究会やシンポジウムについては、第五章の註13(本書一八一頁)を参照のこと。本文でふれた「非物質」展の研究ネットワーク(Les Immatériaux Research)が開設されたのは二〇二〇年のことである。http://les-immateriaux.net/

(19) 日本からは東浩紀が同カンファレンスに招待された。この発表(の日本語原稿)は次の文献に収録されている。東浩紀「データベース的動物は政治的動物になりうるか」『哲学の誤配』ゲンロン、二〇二〇年、一二五–一六九頁。

(20) この「記念碑的な展覧会(landmark exhibition)」という表現は、二〇〇九年の『テート・ペーパーズ』の特集タイトルに拠る(*Tate Papers*, no. 12, Autumn 2009)。この特集には「非物質的なものたち」をめぐる論文が三篇(著者はジョン・ライクマン、アントニー・フーデック、ナタリー・エニック)収められている。

題に一定の注目が集まるには、この間の約三〇年という「時差」が不可欠だった――そのことは確かであるように思われる。

以上のことは、ポストモダンが歴史的に反復不可能なしかたで生じた出来事であることを、明々と証し立てている。いくらリオタールがそれを非時間的《アクロニック》なものとして規定しようと、それがある時代精神のなかで、ひとつの歴史的な出来事として生じたという事実は否定しえまい。なおかつそのことと、かつてこの言葉が登場した始まりの「瞬間」をつぶさに見つめることは、けっして両立しえないことではないだろう。

いまなぜポストモダンか。それは、まさにこれが歴史的対象へと転じるために必要とした、時間の隔たりのためである。そのさい、ひとつ忘れてはならないことがある。それは、ポストモダンという言葉が惹起するあれこれの通念が、あくまでも事後的に形成されたものにほかならないということだ。ここまで本章で行なってきた作業は、七九年から八四年までの五年間を「ポストモダンの幼年期」とみなすことでのみ、その意義を担保しうる――そのように言うことができるかもしれない。もちろん、今後これとは異なる幼年期の記憶が掘りおこされることもあるだろう。それが西欧や北米のそれではなく、東アジアの、あるいは南アフリカのものであることも十分にありうる。いずれにせよ、その誕生の光景に立ち戻ることの必要性を伝えることができたなら、本章はその役目を果たしたことになる。

瞬間を救うこと――しかしこの「瞬間」が、いかなる記憶をも逃れる幼年期《インファンス》のそれであることを、リオタールはたびたび強調していたのだった。それは、たとえるなら音の震えや響きのような、粗野な概念的把握を逃れる要素のうちにある。そして歴史を振り返るという作業もまた、本来的には、そうした目に見えぬ無数の「瞬間」を取り集めることにほかならない。

（21）　二〇二三年、ポンピドゥー・センターは「非物質的なものたち」のヴァーチャル・エキシビジョンを公開するとともに、同センター内のカンディンスキー図書館が展覧会のデジタル・アーカイヴの公開を始めた。これによって、当時の文書や書簡をはじめとする一次資料へのアクセスは格段に容易になった。

参考文献

(1) リオタールのテクスト

(a) 単著および共著

La Phénoménologie, Paris, PUF, 1954.（『現象学』高橋允昭訳、白水社、一九六五年）

Discours, figure, Paris, Klincksieck, 1971.（『言説《ディスクール》、形象《フィギュール》』合田正人監修、三浦直希訳、法政大学出版局、二〇一一年）

Des Dispositifs pulsionnels, Paris, Union générale d'éditions, 1973.（部分訳：邦訳の刊行順に記載――①「悪魔としてのアドルノ」山本泰訳、『現代思想』一九七五年五月号／②「《水が空をとらえる》：バシュラールの欲望を描くコラージュの試み」植島啓司訳、『エピステーメー』一九七六年四月号／③「幾つもの沈黙」小林康夫訳、『エピステーメー』一九七六年八／九月号／④「フロイトとセザンヌ」小林康夫・小宮山隆訳、『エピステーメー』一九七七年一月号／⑤「蝶番」岩佐鉄男訳、『エピステーメー』一九七七年一一月号／⑥「歯・掌」岩佐鉄男訳、『エピステーメー』一九七七年一二月号／⑦「エネルギー態としての資本主義」篠原資明訳、『現代思想』一九八四年九月臨時増刊号／⑧「回帰と資本についてのノート」本間邦雄訳、デリダ／ドゥルーズ／クロソウスキー／リオタール『ニーチェは、今日？』林好雄・本間邦雄・森本和夫訳、筑摩書房、二〇〇二年）

Dérive à partir de Marx et Freud, Paris, Union générale d'éditions, 1973.（『漂流の思想――マルクスとフロイトからの漂流』今村仁司・塚原史・下川茂訳、国文社、一九八七年）

Économie libidinale, Paris, Minuit, 1974.（『リビドー経済』杉山吉弘・吉谷啓次訳、法政大学出版局、一九九七年）

Recits tremblants, Lyotard/Monory, Paris, Galilée, 1977.（『震える物語』山縣直子訳、法政大学出版局、二〇〇一年）

Les Transformateurs Duchamp, Paris, Galilée, 1977.

Rudiments païens, Paris, Union générale d'éditions, 1977.（『異教入門——中心なき周辺を求めて』山縣熙・小野康男・申允成・山縣直子訳、法政大学出版局、二〇〇〇年）

Instructions païennes, Paris, Galilée, 1977.

Le Mur du Pacifique, Paris, Galilée, 1979.（「太平洋の壁」管啓次郎訳、『GS』第六号、冬樹社、一九八七年）

Au juste, avec Jean-Loup Tébaud, Paris, Christian Bourgois, 1979.

La Condition postmoderne. Rapport sur le savoir, Paris, Minuit, 1979.（『ポスト・モダンの条件——知・社会・言語ゲーム』小林康夫訳、書肆風の薔薇［現・水声社］、一九八六年）

La Partie de peinture, avec Henri Maccheroni, Cannes, Martyse Candela, 1980.

Sur la constitution du temps et de la couleur dans les œuvres récentes d'Albert Ayme, Paris, Traversière, 1980.（「色彩による時間の構成——アルベール・エームの世界」湯浅博雄訳、『現代思想』一九八四年五月号）

Le Différend, Paris, Minuit, 1983.（『文の抗争』陸井四郎・小野康男・外山和子・森田亜紀訳、法政大学出版局、一九八九年）

L'Histoire de Ruth, Ruth Francken/Jean-François Lyotard, Montreuil, Le Castor Astral, 1983.

L'Assassinat de l'expérience par la peinture, Monory, Montreuil, Le Castor Astral, 1984.（『経験の殺戮——絵画によるジャック・モノリ論』横張誠訳、朝日出版社、一九八七年）

Tombeau de l'intellectuel et autres papiers, Paris, Galilée, 1984.（『知識人の終焉』原田佳彦・清水正訳、法政大学出版局、一九八八年）

Les Immatériaux, avec Thierry Chaput, Paris, Centre George Pompidou, 1985.

La Faculté de juger, Paris, Minuit, 1985.（『どのように判断するか』宇田川博訳、国文社、一九九〇年）

L'Enthousiasme. La Critique kantienne de l'histoire, Paris, Galilée, 1986.（『熱狂——カントの歴史批判』中島盛夫訳、法政大学出版局、一九九〇年）

Le Postmoderne expliqué aux enfants, Paris, Galilée, 1986.（『こどもたちに語るポストモダン』管啓次郎訳、筑摩書房、一九九八年）
Que peindre ? Adami, Arakawa, Buren, Paris, La Différence, 1987.
L'Inhumain. Causeries sur le temps, Paris, Galilée, 1988.（『非人間的なもの――時間についての講話』篠原資明・上村博・平芳幸浩訳、法政大学出版局、二〇〇二年）
Heidegger et « les juifs », Paris, Galilée, 1988.（『ハイデガーと「ユダヤ人」』本間邦雄訳、藤原書店、一九九二年）
Témoigner du différend, Paris, Osiris, 1989.
La Guerre des Algériens. Écrits 1956-1963, Paris, Galilée, 1989.
Por que filosofar ? Cuatro conferencias (1964), Barcelona, Paidos, 1989.
Pérégrinations. Loi, forme, événement, Paris, Galilée, 1990.（『遍歴――法、形式、出来事』小野康男訳、法政大学出版局、一九九〇年）
Lectures d'enfance, Paris, Galilée, 1991.（『インファンス読解』小林康夫・竹森佳史・根本美作子・高木繁光・竹内孝宏訳、未来社、一九九五年）
Leçons sur l'Analytique du sublime. Kant, Critique de la faculté de juger, §23-29, Paris, Galilée, 1991.（『崇高の分析論――カント『判断力批判』についての講義録』星野太、法政大学出版局、二〇二〇年）
Moralités postmodernes, Paris, Galilée, 1993.（『リオタール寓話集』本間邦雄訳、藤原書店、一九九六年）
Un Trait d'union, avec Eberhard Gruber, Québec, Le Griffon d'Argile / Grenoble, PUG, 1993.
Sam Francis, Lesson of Darkness, Venice; Calofornia, The Lapis Press, 1993.
Signé Malraux, Paris, Grasset, 1996.
Flora danica. La sécession du geste dans la peinture de Stig Brøgger, Paris, Galilée, 1997.
Chambre sourde, Paris, Galilée, 1998.（『聞こえない部屋――マルローの反美学』北山研二訳、水声社、二〇〇二年）
Karel Appel: Ein Farbgestus, Bern; Berlin, Gachnang & Springen, 1998.

La Confession d'Augustin, Paris, Galilée, 1998.
Misère de la philosophie, Paris, Galilée, 2000.
Pourquoi philosopher? Paris, PUF, 2012.（『なぜ哲学するのか?』松葉祥一訳、法政大学出版局、二〇一四年）
Logique de Levinas, Lagrasse, Verdier, 2015.（『レヴィナスの論理』松葉類訳、法政大学出版局、二〇二四年）

（b）論文・訳書など

The Postmodern Condition: A Report on Knowledge, trans. Geoff Bennington and Brian Massumi, Minneapolis, University of Minnesota Press, 1984.
"After Six Months of Work...(1984)," trans. Robin Mackay, in Yuk Hui and Andreas Broeckmann (eds.), *30 Years After Les Immatériaux: Art, Science and Theory*, Lüneburg, meson press, 2015, pp. 29-66.
"Les Immatériaux" (1985), trans. Paul Smith, in Reesa Greenberg, Bruce W. Ferguson and Sandy Nairne (eds.), *Thinking about Exhibitions*, London; New York, Routledge, 1996, pp. 114-125.
Peregrinations: Law, Form, Event, New York, Columbia University Press, 1988.
« La Mainmise », *Autres Temps*, no. 25, 1990, pp. 16-26.
Libidinal Economy, trans. Iain Hamilton Grant (1993), London, Bloomsbury Academic, 2022.
Discourse, Figure, trans. Antony Hudek and Mary Lydon, Minneapolis, University of Minnessota Press, 2011.

（2）二次文献

（a）欧語文献

Adorno, Theodor W., *Negative Dialektik; Jargon der Eigentlichkeit*, Frankfurt am Main, Suhrkamp, 1973.（テオドール・

W・アドルノ『否定弁証法』木田元・徳永恂・渡辺祐邦・三島憲一・須田朗・宮武昭訳、作品社、一九九六年）
———, *Ästhetische Theorie*, Frankfurt am Main, Suhrkamp, 1970-72.（テオドール・W・アドルノ『美の理論』大久保健治訳、河出書房新社、一九八九年）
Bamford, Kiff, *Jean-François Lyotard,* London, Reaktion Books, 2017.
Bamford, Kiff (ed.), *Jean-François Lyotard: The Interviews and Debates,* London; New York, Bloomsbury, 2020.
Baudrillard, Jean, *L'Echange symbolique et la mort,* Paris, Gallimard, 1976.（ジャン・ボードリヤール『象徴交換と死』今村仁司・塚原史訳、筑摩書房、一九八二年）
Beckett, Andy, "Accelerationism: How a Fringe Philosophy Predicted the Future We Live in," *Guardian,* May 11, 2017.
Benjamin, Andrew (ed.), *The Lyotard Reader*, Oxford; New York, Basil Blackwell, 1989.
——— (ed.), *Judging Lyotard*, London; New York, Routledge, 1992.
Bennington, Geoffrey, *Lyotard: Writing the Event*, Manchester, Manchester University Press, 1988.
———, *Late Lyotard* (2005), California, CreateSpace Independent Publishing, 2008.
Bichis, Heidi and Rob Shields (eds.), *Rereading Jean-François Lyotard: Essays on His Later Works* (2013), London; New York, Routledge, 2018.
Birnbaum, Daniel and Sven-Olov Wallenstein, *Spacing Philosophy: Lyotard and the Idea of the Exhibition*, London, Sternberg Press, 2019.
Boissier, Jean-Louis, "The Production of *Les Immatériaux,*" in Yuk Hui and Andreas Broeckmann (eds.), *30 Years After Les Immatériaux: Art, Science and Theory,* Lüneburg, meson press, 2015.
Boudson, Michel (ed.), *L'Art et le temps. Regards sur la quatrieme dimension,* Paris, Albin Michel, 1984.
Brassier, Ray, "Solar Catastrophe: Lyotard, Freud, and the Death-Drive," *Philosophy Today*, vol. 47, no. 4, 2003, pp. 421-430.

———, *Nihil Unbound: Enlightenment and Extinction*, Basingstoke, Palgrave Macmillan, 2007.（部分訳：レイ・ブラシエ「絶滅の真理」星野太訳、『現代思想』第四三巻一三号、青土社、二〇一五年、五〇－七八頁）

———, "Wandering Abstraction," *Mute*, February 13, 2014.（レイ・ブラシエ「さまよえる抽象」星野太訳、『現代思想』第四七巻八号、青土社、二〇一九年、七八－九九頁）

Brügger, Niels, "What about the Postmodern? The Concept of the Postmodern in the Work of Lyotard," *Yale French Studies*, no. 99, 2001, pp. 77-92.

Bryant, Levi, Graham Harman and Nick Srnicek (eds.), *The Speculative Turn: Continental Materialism and Realism*, Melbourne, Re.Press, 2011.

Burke, Edmund, *A Philosophical Enquiry into the Origin of our Ideas of the Sublime and Beautiful* (1757/59), London, University of Notre Dame Press, 1968.（エドマンド・バーク『崇高と美の観念の起原』中野好之訳、みすず書房、一九九九年）

Caroll, David, *Paraesthetics: Foucault, Lyotard, Derrida*, New York; London, Methuen, 1987.

CCRU, *Writings 1997-2003*, Falmouth, Urbanomic, 2017 [4th edition, 2022].

Chéroux, Clément (ed.), *Mémoire des camps. Photographies des camps de concentration et d'extermination nazis, 1933-1999*, Paris, Marval, 2001.

Coblence, Françoise, et Michel Enaudeau (eds.), *Lyotard et les Arts*, Paris, Klincksieck, 2014.

Costello, Diarmuid, "Lyotard's Modernism," in *Parallax*, vol. 6, no.4, 2000, pp. 76-87.

Crowther, Paul, *The Kantian Sublime: From Morality to Art*, New York, Oxford University Press, 1989.

———, "Les Immateriaux and the Postmodern Sublime," in Andrew Benjamin (ed.), *Judging Lyotard*, London; New York, Routledge, 1992, pp. 192-205.

Curtis, Neal, *Against Autonomy: Lyotard, Judgement and Action*, Aldershot, Ashgate, 2001.

Cusset, François, *French Theory. Foucault, Derrida, Deleuze et Cie et les mutations de la vie intellectuelle aux Etats-Unis*, Paris, La

Décourverte, 2003.（フランソワ・キュセ『フレンチ・セオリー——アメリカにおけるフランス現代思想』桑田光平・鈴木哲平・畠山達・本田貴久訳、NTT出版、二〇一〇年）

Dekens, Olivier, *Lyotard et la philosophie (du) politique*, Paris, Kimé, 2000.

Deleuze, Gilles, « L'Idée de genèse dans l'esthétique de Kant » (1963), in *L'Île déserte et autres texts*, ed. David Lapoujade, Paris, Minuit, 2002.（ジル・ドゥルーズ「カントの美学における発生の観念」江川隆男訳、『無人島 一九五三－一九六八』前田英樹監修、河出書房新社、二〇〇三年）

——, *La Philosophie critique de Kant*, Paris, PUF, 1963.（ジル・ドゥルーズ『カントの批判哲学』國分功一郎訳、筑摩書房、二〇〇八年）

Deleuze, Gilles et Félix Guattari, *L'Aniti-Œdipe*, Paris, Minuit, 1972.（ジル・ドゥルーズ／フェリックス・ガタリ『アンチ・オイディプス——資本主義と分裂症』宇野邦一訳、河出書房新社、二〇〇六年）

Delon, Michel, *L'Idée d'énergie au tournant des Lumières (1770-1820)*, Paris, PUF, 1988.

Derrida, Jacques, *La Vérité en peinture*, Paris, Flammarion, 1978.（ジャック・デリダ『絵画における真理』全二巻、高橋允昭・阿部宏慈訳、法政大学出版局、一九九七年）

——, « Préjugés, devant la loi », in J.-F. Lyotard, et al., *La Faculté de juger*, Paris, Minuit, 1985.（ジャック・デリダ「先入見——法の前に」、リオタール編『どのように判断するか』宇田川博訳、国文社、一九九〇年）

——, *Chaque fois unique, la fin du monde*, presenté par Pascale-Anne Brault et Michael Naas, Paris, Galilée, 2003.（ジャック・デリダ『そのたびごとにただ一つ、世界の終焉』全二巻、土田知則・岩野卓司・藤本一勇・國分功一郎訳、岩波書店、二〇〇六年）

Didi-Huberman, Georges, *Images malgré tout*, Paris, Minuit, 2003.（ジョルジュ・ディディ＝ユベルマン『イメージ、それでもなお』、橋本一径訳、平凡社、二〇〇六年）

Ferry, Luc et Alain Renaut, *La Pensée 68: Essai sur l'anti-humanisme contemporain*, Paris, Gallimard, 1985.（リュック・フェリー／アラン・ルノー『六八年の思想——現代の反－人間主義への批判』小野潮訳、法政大学出版局、

一九九八年）
Fisher, Mark, *Capitalist Realism: Is There no Alternative?*, Winchester, Zero Books, 2009.（マーク・フィッシャー『資本主義リアリズム――「この道しかない」のか？』セバスチャン・ブロイ・河南瑠莉訳、堀之内出版、二〇一八年）
Frager, Dominique, *Socialisme ou Barbarie. L'Aventure d'un groupe (1946-1969)*, Paris, Syllepse, 2021.
Frank, Manfred, *Die Grenzen der Verständigung. Ein Geistergespräch zweschen Lyotard und Habermas*, Frankfurt am Main, Suhrkamp, 1988.（マンフレート・フランク『ハーバーマスとリオタール――理解の臨界』岩崎稔訳、三元社、一九九〇年）
Freud, Sigmund, *Bemerkungen über einen Fall von Zwangsneurose* (1909), *Gesammelte Werke VII: Werke aus den Jahren 1906-1909* (1941), Frankfurt am Main, S. Fischer, 1993.（ジークムント・フロイト「強迫神経症の一症例に関する考察」小此木啓吾訳、『フロイト著作集』第九巻、人文書院、一九八三年）
Goldsmith, Marcella Tarozzi, *The Future of Art: An Aesthetics of the New and the Sublime*, New York, State University of New York Press, 1999.
Grant, Iain Hamilton, "Translator's Preface" and "Introduction," in Jean-François Lyotard, *Libidinal Economy*, trans. Iain Hamilton Grant (1993) , London, Bloomsbury Academic, 2022, pp. xi-xiv and 1-18.
Greenberg, Clement, "Avant-Garde and Kitsch," in *The Collected Essays and Criticism vol.1(Perceptions and judgements 1939-1944)*, John O'Brian (ed.), Chicago, The University of Chicago Press, 1986.（クレメント・グリーンバーグ「アヴァンギャルドとキッチュ」、『グリーンバーグ批評選集』藤枝晃雄編訳、勁草書房、二〇〇五年）
Greenberg, Reesa, Bruce W. Ferguson and Sandy Nairne (eds.), *Thinking about Exhibitions*, London; New York, Routledge, 1996.
Grusin, Richard (ed.), *The Nonhuman Turn*, Minneapolis, University of Minnesota Press, 2015.
Gualandi, Alberto, *Lyotard*, Paris, Les Belles lettres, 1999.

Hartmann, Pierre, *Du Sublime (de Boileau à Schiller)*, Strasbourg, Presses universitaires de Strasbourg, 1997.

Hegel, G. W. F., *Vorlesungen über die Ästhetik*, 3 vols., Frankfurt am Main, Suhrkamp, 1970.（G・W・F・ヘーゲル『ヘーゲル美学講義』全三巻、長谷川宏訳、作品社、一九九五年）

Horkheimer, Max und Theodor W. Adorno, *Dialektik der Aufklärung: Philosophische Fragmente* (1947), Frankfurt am Main, Suhrkamp, 1981.（マックス・ホルクハイマー／テオドール・W・アドルノ『啓蒙の弁証法——哲学的断想』徳永恂訳、岩波書店、二〇〇七年）

Hudek, Antony, “From Over- to Sub-Exposure: The Anamnesis of Les Immatériaux,” in Yuk Hui and Andreas Broeckmann (eds.), *30 Years After Les Immatériaux: Art, Science and Theory*, Lüneburg, meson press, 2015, pp. 71-91.

Hui, Yuk and Andreas Broeckmann (eds.), *30 Years After Les Immatériaux: Art, Science and Theory*, Lüneburg, meson press, 2015.

Jameson, Fredric, “Foreword,” in Jean-François Lyotard, *The Postmodern Condition: A Report on Knowledge*, trans. Geoff Bennington and Brian Massumi, Minneapolis, University of Minnesota Press, 1984.

———, *The Seeds of Time*, New York, Columbia University Press, 1994.（フレドリック・ジェイムソン『時間の種子』松浦俊輔・小野木明恵訳、青土社、一九九八年）

———, “Future City,” *New Left Review*, vol. 21, May-June 2003, pp. 65-79.

Jay, Martin, *Downcast Eyes: The Denigration of Vision in Twentieth-Century French Thought*, Berkeley, University of California Press, 1993.（マーティン・ジェイ『うつむく眼——二〇世紀フランス思想における視覚の失墜』亀井大輔・神田大輔・青柳雅史・佐藤勇一・小林琢自・田邉正俊訳、法政大学出版局、二〇一七年）

Jelinek, Alana, *This Is Not Art: Activism and Other ‘Not-Art’*, London, I. B. Tauris, 2013.

Kant, Immanuel, *Kritik der Urteilskraft* (1790), Hamburg, Felix Meiner, 2006.（イマヌエル・カント『判断力批判』熊野純彦訳、作品社、二〇一五年）

———, *Critique de la faculté de juger*, traduit par Alexiss Philonenko, Paris, Vrin, 1979.

——, *Critique de la faculté de juger*, traduit par Alain Renaut, Paris, Aubier, 1995.

Lacan, Jacques, *Le Séminaire de Jacques Lacan : livre 7*, Jacques-Alain Miller (ed.), Paris, Seuil, 1986.（ジャック・ラカン『精神分析の倫理』全二巻、小出浩之・鈴木國文・保科正章・菅原誠一訳、岩波書店、二〇〇二年）

Lacoue-Labarthe, Philippe, *L'Imitation des modernes*, Paris, Galilée, 1986.（フィリップ・ラクー＝ラバルト『近代人の模倣』大西雅一郎訳、みすず書房、二〇〇三年）

——, « La Vérité sublime », in Michel Deguy et al., *Du sublime*, Belin, 1988.（フィリップ・ラクー＝ラバルト「崇高なる真理」、ミッシェル・ドゥギーほか『崇高とは何か』梅木達郎訳、法政大学出版局、一九九九年）

Land, Nick, *Fanged Noumena: Collected Writings 1987-2007*, Falmouth, Urbanomic/Sequence Press, 2011.

——, *The Dark Enlightenment*, [s.l.] Imperium Press, 2022.（ニック・ランド『暗黒の啓蒙書』五井健太郎訳、講談社、二〇二〇年）

Lanzmann, Claude, « Holocauste, la représentation impossible », *Le Monde*, 3 mars 1994.（クロード・ランズマン「ホロコースト、不可能な表象」高橋哲哉訳、高橋哲哉・鵜飼哲編『『ショアー』の衝撃』未來社、一九九五年）

Lefort, Claude, « Le corps interposé », *Passé Présent*, no. 3, 1984.

Litman, Théodore. A., *Le Sublime en France (1660-1714)*, Paris, Nizet, 1971.

Mackay, Robin and Armen Avanessian (eds.), *#Accelerate: The Accelerationist Reader*, Falmouth, Urbanomic, 2014.

Malpas, Simon, *Jean-François Lyotard*, London; New York, Routledge, 2003.

Meillassoux, Quentin, *Après la finitude. Essai sur la nécessité de la contingence*, Paris, Seuil, 2006.（カンタン・メイヤスー『有限性の後で——偶然性の必然性についての試論』千葉雅也・大橋完太郎・星野太訳、人文書院、二〇一六年）

——, *After Finitude: An Essay on the Necessity of Contingency*, trans. Ray Brassier, New York, Continuum, 2008.

Mouffe, Chantal, "Cultural Workers as Organic Intellectuals" (2008), in Zoya Kocur and Simon Leung (eds.), *Theory in*

Contemporary Art since 1985, second edition, New Jersey, Wiley-Blackwell, 2012, pp. 299-307.

Nancy, Jean-Luc, « L'Offrande sublime », in Michel Deguy et al., *Du Sublime*, Paris, Belin, 1988.（ジャン＝リュック・ナンシー「崇高な捧げもの」、ミッシェル・ドゥギーほか『崇高とは何か』梅木達郎訳、法政大学出版局、一九九九年）

———, *Une pensée finie*, Paris, Galilée, 1990.（ジャン＝リュック・ナンシー『限りある思考』合田正人訳、法政大学出版局、二〇一一年）

———, *Au fond des images*, Paris, Galilée, 2003.（ジャン＝リュック・ナンシー『イメージの奥底で』西山達也・大道寺玲央訳、以文社、二〇〇六年）

Nancy, Jean-Luc (ed.), *Le Genre humain*, no. 36, « L'Art et la Mémoire des Camps. Représenter exterminer », Paris, Seuil, 2001.

Nietzsche, Friedrich, » Über Wahrheit und Lüge im außermoralischen Sinn «, in *Werke in drei Bänden*, Band 3, München, Carl Hanser, 1956.（フリードリヒ・ニーチェ「道徳外の意味における真理と虚偽について」『ニーチェ全集〈3〉哲学者の書』渡辺二郎訳、筑摩書房、一九九四年）

Noys, Benjamin, *The Persistence of the Negative*, Edinburgh, Edinburgh University Press, 2010.

Obrist, Hans Ulrich, *Ways of Curating*, New York, Faber and Faber, 2014.（ハンス・ウルリッヒ・オブリスト『キュレーションの方法』中野勉訳、河出書房新社、二〇一八年）

Parret, Herman (ed.), *Jean-François Lyotard : Ecrits sur l'art contemporain et les artistes / Writings on Contemporary Art and Artists*, 7 vols, Leuven, Leuven University Press, 2009-2013.

Poster, Mark, "Postmodernity and the Politics of Multiculturalism: The Lyotard - Habermas Debate over Social Theory," *Modern Fiction Studies*, vol. 38, no. 3, 1992, pp. 565-580 [reprinted in Derek Robbins (ed.), *Jean-François Lyotard*, vol. 1].

Rajchman, John, "Jean-François Lyotard's Underground Aesthetics," in *October*, no. 86, Fall 1998, pp. 3-18.

———, "The Postmodern Museum," in *Philosophical Events: Essays on the 80's*, New York, Columbia University Press, 1991.

Rancière, Jacques, *Le Partage du sensible. Esthétique et politique*, Paris, La Fabrique, 2000.

———, « S'il y a de l'irreprésentable », in Jean-Luc Nancy (ed.), *Le Genre humain*, no. 36, « L'Art et la Mémoire des Camps. Représenter exterminer », Paris, Seuil, 2001, pp. 81-102.

———, *Le Destin des image*, Paris, La Fabrique, 2003.（ジャック・ランシエール『イメージの運命』堀潤之訳、平凡社、二〇一〇年）

———, *Malaise dans l'esthétique*, Paris, Galilée, 2004.

Robbins, Derek (ed.), *Jean-François Lyotard*, 3 vols, London, Sage, 2004.

Rorty, Richard, "Habermas and Lyotard on Post-modernity," *Praxis International*, vol. 4, 1984, pp. 32-44 [reprinted in Derek Robbins (ed.), *Jean-François Lyotard*, vol. 1].（リチャード・ローティ「ポストモダンについて——ハーバーマスとリオタール」冨田恭彦訳、『思想』第七四四号、岩波書店、一九八六年、一二六－一四三頁）

Rosenblum, Robert, *Modern Painting and the Northern Romantic Tradition: Friedrich to Rothko*, London, Thames and Hudson, 1975.（ロバート・ローゼンブラム『近代絵画と北方ロマン主義の伝統——フリードリヒからロスコへ』神林恒道・出川哲朗訳、岩崎美術社、一九八八年）

———, *On Modern American Art: Selected Essays*, New York, Harry N. Abrams, 1999.

Sim, Stuart, *Lyotard and the Inhuman*, Cambridge, Icon Books, 2001.（ステュアート・シム『リオタールと非人間的なもの』加藤匠訳、岩波書店、二〇〇五年）

Srnicek, Nick and Alex Williams, "#ACCELERATE MANIFESTO for an Accelerationist Politics," May 14, 2013.（N・スルニチェク／A・ウィリアムズ「加速派政治宣言」水嶋一憲・渡邊雄介訳、『現代思想』第四六巻一号、青土社、二〇一八年、一七六－一八六頁）

Thacker, Eugene, "Notes on Extinction and Existence," *Configurations*, vol. 20, no. 1-2, Winter 2012, pp. 137-148.

（ユージーン・サッカー「絶滅と存在についての覚え書き」島田貴史訳、『現代思想』第四三巻一三号、青土社、二〇一五年）
Thébaud, Jean-Loup, « Lyotard lecteur d'Adorno », in Françoise Coblence et Michel Enaudeau (eds.), *Lyotard et les Arts*, Paris, Klincksieck, 2014.
Watson, Stephen, "Jürgen Habermas and Jean-François Lyotard: Post-modernism and Crisis of Rationality," *Philosophy and Social Criticism*, vol. 10, no. 2, 1984, pp. 1-24 [reprinted in Derek Robbins (ed.), *Jean-François Lyotard*, vol. 1].
Weiskel, Thomas, *The Romantic Sublime: Studies in the Structure and the Psychology of Transcendence*, Baltimore, Johns Hopkins University Press, 1976.
Woodward, Ashley, *Lyotard and the Inhuman Condition: Reflections on Nihilism, Information, and Art*, Edinburgh, Edinburgh University Press, 2016.
Zima, Pierre.V., *La Négation esthétique. Le Sujet, le beau et le sublime de Mallarmé et Valéry à Adorno et Lyotard*, Paris, L'Harmattan, 2002.
Žižek, Slavoj, *Mapping Ideology*, London, Verso, 1994.

（b）日本語文献

浅田彰『「歴史の終わり」と世紀末の世界』小学館、一九九四年。

東浩紀『存在論的、郵便的——ジャック・デリダについて』新潮社、一九九八年。

——『哲学の誤配』ゲンロン、二〇二〇年。

藤本一勇「崇高と美の交雑共同体」、仲正昌樹編『美のポリティクス』御茶ノ水書房、二〇〇三年、二一一—二五四頁。

郷原佳以「解題」、秦邦生編『ジョージ・オーウェル『一九八四年』を読む——ディストピアからポスト・トゥルースまで』水声社、二〇二一年、一〇九-一一二頁。

本間邦雄『リオタール哲学の地平――リビドー的身体から情動-文へ』書肆心水、二〇〇九年。

星野太「表象と再現前化――『哲学辞典』におけるベルクソンの「表象」概念再考」『表象』第三号、月曜社、二〇〇九年、一二二-一三七頁。

――『崇高の修辞学』月曜社、二〇一七年。

柄谷行人編『近代日本の批評　昭和篇［下］』福武書店、一九九一年。

木澤佐登志『ニック・ランドと新反動主義』星海社、二〇一九年。

小林康夫「哲学者は花を摘まない」『現代思想』第二六巻七号、青土社、一九九八年、二四-二五頁。

松葉祥一「リオタールは「転向」したか？」『現代思想』第二六巻七号、青土社、一九九八年、二八-三〇頁。

宮﨑裕助『判断と崇高――カント美学のポリティクス』知泉書館、二〇〇九年。

中村とうよう『ポピュラー音楽の世紀』岩波書店、一九九九年。

仲山ひふみ「聴くことの絶滅に向かって――レイ・ブラシエ論」『現代思想』第四四巻一号、青土社、二〇一六年、一九四-二〇五頁。

小田部胤久『象徴の美学』東京大学出版会、一九九五年。

斎藤幸平『マルクス解体――プロメテウスの夢とその先』講談社、二〇二三年。

鈴木亘『声なきものの声を聴く――ランシエールと解放する美学』堀之内出版、二〇二四年。

竹峰義和『救済のメーディウム――ベンヤミン、アドルノ、クルーゲ』東京大学出版会、二〇一六年。

谷川渥『美学の逆説』筑摩書房、二〇〇三年。

宇波彰『力としての現代思想――崇高から不気味なものへ』論創社、二〇〇二年。

山口勝弘「新生パリ・ビエンナーレとリオタールの企画展に見るバランス・オヴ・パワー」『美術手帖』一九八五年八月号、一四〇-一四七頁。

（c）雑誌特集号など

Les Cahiers de philosophie, vol. 5 « Jean-François Lyotard : Réécrire la modernité » (1988).

Parallax, vol. 17, "To Jean-François Lyotard" (October-December 2001).

Yale French Studies, vol. 99, "Jean-François Lyotard: Time and Judgement" (2001).

『風の薔薇』第四号、書肆風の薔薇、一九八六年。

『現代思想』第二六巻七号、青土社、一九九八年。

あとがき

本書は書き下ろしである。各章の内容は次の既発表原稿に（部分的に）もとづいているが、全体にわたり大幅な加筆修正を施しており、ほとんど元のかたちをとどめていない。

○序章

「リオタール」、川口茂雄・越門勝彦・三宅岳史編『現代フランス哲学入門』ミネルヴァ書房、二〇二〇年、二八二－二八五頁。

○第一章から第四章

「崇高と資本主義――ジャン＝フランソワ・リオタールにおける美学と政治の交錯」、東京大学大学院総合文化研究科修士学位論文、二〇〇七年。

「感性的なものの中間休止――ジャン＝フランソワ・リオタールの崇高論における時間論的転回」『超域文化科学紀要』第一三号、二〇〇八年、一四五－一五九頁。

"Avant-garde Art and Capitalism: An Aspect of the 'Sublime' in J.-F. Lyotard," in Gao Jian Ping et al. (eds.), *Diversities in Aesthetics: Selected Papers of The 18th Congress of International Aesthetics*, Beijing, Social Sciences Press, July 2013, pp. 283-293.

"The Sublime and Capitalism in Jean-François Lyotard," in Futoshi Hoshino and Kamelia Spassova (eds.), *The Sublime and the Uncanny*, Tokyo, UTCP, March 2016, pp. 17-40.

○第五章

「(非)人間化への抵抗――リオタールの「発展の形而上学」批判」『現代思想』第四四巻一号、二〇一六年、一六〇―一七二頁。

○第六章

「加速主義をめぐる覚書――二一世紀の現代思想史のために」『群像』第七五巻九号、二〇二〇年、三六四―三七一頁。

○終章

「ポストモダンの幼年期――あるいは瞬間を救うこと」『現代思想』第四九巻七号、二〇二一年、二二一―二三一頁。

このリストからもわかるように、本書はわたしが二〇〇六年末に脱稿した修士論文を出発点として、それから約一五年にわたり書き継いできたリオタール論をそこに補ったものである。とはいえ、幸か不幸かこの一五年あまりのあいだ、わたしはかつて自分が獲得した認識を改める必要性を感じたことはほとんどなかった。すなわちそれは、リオタールの思想が「崇高」という概念を介した資本主義への問いにたえず貫かれていたという認識である。そのため、わたしはこのテーゼを、二〇年近くにわたり繰り返し言葉にしてきたことになる。本書の刊行によって、そうした自分の思索にひとつの区切りをつけられたことに、ひとまずは安堵している。

リオタールについて一冊の本を書くという計画はずいぶん前からあった。ただ、その時々の事情で遅れに遅れていた計画が進みはじめたのは、青土社の瑞田卓翔さんから受け取った一通のメールがきっかけだった。瑞田さんは、わたしが（前掲の修士論文をもとに）『現代思想』などに書いたリオタール論に目を留め、そこから本書の企画を立ち上げてくださっていた。それに目を通して驚いたのは、その企画書の内容が、まさに自分が書こうとしているリオタール論と寸分違わぬものであったことだ。その直観力に胸を打たれたわたしは、単著の執筆依頼を二つ返事で引き受けた。

ただ、その後の執筆プロセスにおいては、担当になってくださった青土社の菱沼達也さんに長らく辛抱を強いてしまった。最後の一年は菱沼さんにペースメーカーになっていただき、とにもかくにもこうして書き上げることができた。執筆中のわたしの最大の願いは、リオタール生誕一〇〇年にあたる今年（二〇二四年）に、本書を間に合わせることだった。それが可能になったのも、ひとえに菱沼さんのおかげである。

また、デザイナーの北岡誠吾さんには、前著に引き続き装幀を手がけていただいた。本書にふさわしい装いを与えてくださったことに心から感謝を申し上げる。

本書に取り組んでいた数年間、勤務先の東京大学の授業では、リオタールの著書をはじめ、本書に関連する文献をしばしば取り上げた。そこで学生たちと交わした議論は、本書の内容にも大いに反映されている。もっぱらわたし個人の興味関心にもとづいた講義・演習についてきてくれた学生たちには、心から感謝している。とりわけ、本書の草稿を読み、コメントを寄せてくれた有吉玲さんと石田裕己さんには御礼を申し上げたい。

最後に、本書がこうしてかたちを成すことができたのは、ほかの誰でもなく小林康夫先生がいてくださったおかげである。リオタールのかつての学生であり、そして友人でもあった小林先生は、おそらく多くの誤りが含まれていたであろうわたしの修士論文にたいして、ほとんど否定的なことをおっしゃらなかった。けっして異論がなかったわけではないだろう。だが、そうした意見の相違に出くわすと、小林先生は「ぼくの知らないリオタールだ」と言って、いつも背中を押してくれた。本書は、その学恩にたいするささやかな返礼である。

二〇二四年八月一〇日

星野 太

索引

あ行
アヴァンギャルド → 前衛
アウグスティヌス 234
アウシュヴィッツ 17, 87-91, 94
浅田彰 219, 257
東浩紀 257
アダミ、ヴァレリオ 11
アドルノ、テオドール・W 16, 44-5, 54-6, 94, 112-3, 130-1, 149, 161, 174-5, 177
アリストテレス 114
アルジェリア 12, 64
アペル、カレル 11
アポリネール、ギヨーム 149
ヴァジュマン、ジェラール 89
ウィトゲンシュタイン、ルートヴィヒ 73
エクリチュール 79-80, 82-4, 130-1, 150, 199, 250-1
エニック、ナタリー 257
エーム、アルベール 15, 18, 67
オーウェル、ジョージ 250
大きな物語 13-4, 78, 245, 249
オリヴァ、ボニート 33
オリヴェッティ 178

か行
カストリアディス、コルネリュウス 65
加速主義 201, 210-3, 216, 218-9, 240
カンディンスキー、ワシリー 53
カント、イマヌエル 16, 20-2, 36-43, 48-54, 56, 59-62, 64, 67, 92-3, 98, 102-7, 110, 112-3, 117-20, 125, 146, 154, 165, 192-3, 229
キッチュ 32-3, 36
キャロル、デイヴィッド 67, 141, 217
窮乏 129
キュセ、フランソワ 212, 218
恐怖（恐怖政治、テロル） 77-84, 87, 110-1, 133, 150, 158, 160, 201
クアトロチェント 46, 54
クラウザー、ポール 154-5
グラント、イアン・ハミルトン 215, 217, 224
クリステヴァ、ジュリア 254
グリーンバーグ、クレメント 32-3, 161-2
クールベ、ギュスターヴ 54
グンブレヒト、ハンス・ウルリッヒ 220
ケージ、ジョン 15
ケリー、マイク 23
現象学 14, 19, 65
抗争 16, 73-8, 84, 86, 96
コーエン、トム 224
コステロ、ディアミッド 52

さ行
斎藤幸平 213
サイバネティック文化研究ユニット（CCRU） 214-9, 223
サッカー、ユージーン 224-5
ジェイ、マーティン 139
ジェイムソン、フレドリック 208-10, 246
ジジェク、スラヴォイ 209-10
自然 60
質料（非物質的質料） 24, 113-7, 119-27, 131, 151-2, 156, 158, 160, 163, 166-7, 181, 184
資本主義リアリズム 210-1

シム、ステュアート　151
社会主義か野蛮か　12, 65, 139, 217, 251
シャピュ、ティエリー　181, 253
出現　76, 100, 106, 109-12, 120, 122, 129
シュプレマティスム　51-2
趣味　15, 40, 126-7, 144, 165
掌握　237-40
シラー、フリードリヒ・フォン　121, 129
新表現主義　103-5
スイリ、ピエール　64-5
数学的崇高　103-5
スタンジェール、イザベル　178
精神分析　14, 19, 65, 113, 175
聖ピエトロ大聖堂　48
セザンヌ、ポール　15, 54, 68
絶滅　201, 218, 224-30, 233-4
前衛（アヴァンギャルド）　16, 24, 30-4, 36, 39, 42-3, 45-7, 53, 55-6, 58, 60, 62, 70-2, 78-9, 92, 107, 129, 131, 144-5, 147, 149, 151, 159, 161-2, 164-5, 167

た行

竹峰義和　175
谷川渥　52
抽象絵画　24, 35, 48, 50, 52-3, 62, 69, 107, 111, 160
抽象的崇高　50, 52
抽象表現主義　51, 53, 107, 118, 166
呈示不可能なもの　40, 42, 46-7, 52-3, 56-9, 61-2, 70-1, 78, 86-7, 91-100, 102, 106, 109, 112, 117, 123, 132, 161, 166
ディディ＝ユベルマン、ジョルジュ　89
ディドロ、ドニ　248
デュフレンヌ、ミケル　12
デュシャン、マルセル　15, 18, 43, 67, 108-9
デリダ、ジャック　10, 12, 23, 73, 80, 91, 154, 178-9, 189, 212, 254
ドゥボール、ギー　139
ドゥルーズ、ジル　10, 12, 23, 73, 212-3, 216, 219, 228
ドゥルーズ＝ガタリ　141, 212-3, 216
トランスアヴァングァルディア　31, 33, 80

な行

仲山ひふみ　219
ナンシー、ジャン＝リュック　23, 89, 91, 95, 97-9, 179, 254
ニーチェ、フリードリヒ　36, 140-1, 225, 227-8, 234
ニューマン、バーネット　49-50, 53, 92, 100, 102, 107-9, 111, 116-9, 166-7, 252
ノイス、ベンジャミン　211

は行

ハイデガー、マルティン　73, 106-7, 227
バーク、エドマンド　20, 79, 102-3, 106, 110-1, 119, 165
バタイユ、ジョルジュ　214
発展　128-9, 142, 148, 156, 158, 163, 173-4, 190-2, 194-5, 200-1, 235-6, 240, 244, 250
ハーバーマス、ユルゲン　16, 77
ハーマン、グレアム　224
パレーノ、フィリップ　187
バンフォード、キフ　11
否定神学　86, 99, 102, 106, 127
否定弁証法　→　弁証法
非人間（非人間的、非人間性）　84, 140, 148-51, 158, 160, 162-4, 167, 180-1, 188-92, 194-201, 235
非物質（非物質的、非物質性）　84, 115, 151-2, 156-8, 160, 163, 167, 180-1, 185

非物質的質料　→　質料
非物質的なものたち(「非物質」展)　15, 152-6, 176-83, 185-8, 200, 202, 253-7, 259
ビュレン、ダニエル　11, 252
漂流　137-8
ピラミッド　48, 104-5
フィッシャー、マーク　210-1, 215
フィロネンコ、アレクシス　37, 43
フーコー、ミシェル　10, 12, 189, 212
フーデック、アントニー　253, 257
不透明性　81-3
フッサール、エドムント　227-8
ブラシエ、レイ　213, 215, 218-9, 223-5, 227-8, 230-2, 234
フランク、マンフレート　96
フランシス、サム　15, 18
フリードリヒ、カスパー・ダーヴィド　48-51
フレンチ・セオリー　212-4, 218-9
フロイト、ジグムント　68, 92-3, 112-4, 120-1, 123, 197
ブロックマン、アンドレアス　256
ヘーゲル、G・W・F　44, 51-2
ベニントン、ジェフリー　19, 217
ヘルダーリン、フリードリヒ　127, 131
弁証法（否定弁証法）　44-6, 94-5, 97-9, 107, 112, 123, 131, 144, 149, 166, 195, 198-9
ベンヤミン、ヴァルター　35, 112-3, 130
ホイ、ユク　256
ポストモダン　13-4, 17, 25, 30, 55, 156, 161, 235, 242-9, 252, 254-6, 258
ポストモダニズム　14, 243-4, 246
ボードリヤール、ジャン　212
ボードレール、シャルル　82, 112, 243
ホルクハイマー、マックス　174-5, 177
ホロコースト　86-95
ポロック、ジャクソン　49
ボワシエ、ジャン＝ルイ　181
ボワロー、ニコラ　20
ポンピドゥー・センター　15, 152-3, 176-8, 181, 183, 202, 253, 255-7, 259

ま行

マッケイ、ロビン　215-6
マネ、エドゥアール　34, 54
マラルメ、ステファヌ　70
マルクス（主義）　14, 19, 64-5, 139, 147, 161-2, 212-3
マルロー、アンドレ　162, 234
マレーヴィチ、カジミール　52-3
ミクロロギー　130-2
未決定性　58, 150, 194, 196, 199
ミニマリズム　118
ムフ、シャンタル　173-4, 177
メイヤスー、カンタン　224, 231-2
メルロ＝ポンティ、モーリス　19
モダン　13-4, 243, 245, 247-9, 256
モダニズム　14, 54, 56-8, 140, 243, 248
モートン、ティモシー　224
もの　120-1, 124, 126-7, 151, 199
モノリ、ジャック　11, 15, 18, 60, 67, 252
モンテーニュ、ミシェル・ド　248

や行

ヤコブソン、ローマン　184
山口勝弘　153, 255
幼年期　148, 194-201, 237-40, 258

ら行

ライクマン、ジョン　152, 156, 257
ラカン、ジャック　120-1, 139
ラクー＝ラバルト、フィリップ　107, 131,

154, 178
ラトゥール、ブリュノ　179, 254
ランシエール、ジャック　89,　94,　99,
129, 165
ランズマン、クロード　16-7, 87-9, 91
ランド、ニック　214-9
力学的崇高　48
ルフォール、クロード　65, 251
ルノー、アラン　43, 189
ロスコ、マーク　48-9
ローゼンブラム、ロバート　48-52
労働者の権力　12, 65
ロマン主義　48-50, 97-8, 121
ロンギノス　20-1, 121

わ行

ワイスケル、トマス　121

著者　星野太（ほしの・ふとし）

1983年生まれ。東京大学大学院総合文化研究科博士課程修了。現在、東京大学大学院総合文化研究科准教授。専攻は美学、表象文化論。主な著書に『崇高の修辞学』（月曜社、2017年）、『美学のプラクティス』（水声社、2021年）、『崇高のリミナリティ』（フィルムアート社、2022年）、『食客論』（講談社、2023年）。主な訳書にジャン゠フランソワ・リオタール『崇高の分析論――カント『判断力批判』についての講義録』（法政大学出版局、2020年）などがある。

崇高と資本主義

ジャン゠フランソワ・リオタール論

2024年12月20日　第1刷印刷
2024年12月30日　第1刷発行

著者――星野太

発行人――清水一人
発行所――青土社

〒101-0051　東京都千代田区神田神保町1-29　市瀬ビル
［電話］03-3291-9831（編集）　03-3294-7829（営業）
［振替］00190-7-192955

印刷・製本――シナノ印刷

装幀――北岡誠吾

ISBN978-4-7917-7694-8